区块链真相 50 讲

沈济超　许飞龙　著

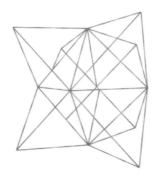

光明日报出版社

图书在版编目（CIP）数据

区块链真相 50 讲 / 沈济超，许飞龙著．--北京：光明日报出版社，2019.12

ISBN 978-7-5194-5007-6

Ⅰ．①区… Ⅱ．①沈…②许… Ⅲ．①电子商务—支付方式—通俗读物 Ⅳ．①F713.361.3—49

中国版本图书馆 CIP 数据核字（2019）第 250799 号

区块链真相 50 讲

QUKUAILIAN ZHENXIANG WUSHI JIANG

著　　者：沈济超　许飞龙

责任编辑：杨　娜　　　　　　　　策　　划：高　栋
封面设计：贝壳学术　　　　　　　责任校对：傅泉泽
责任印制：曹　净

出版发行：光明日报出版社
地　　址：北京市西城区永安路 106 号，100050
电　　话：010-63139890（咨询），010-63131930（邮购）
传　　真：010-63131930
网　　址：http：//book.gmw.cn
E — mail：yangna@gmw.cn
法律顾问：北京德恒律师事务所龚柳方律师

印　　刷：天津雅泽印刷有限公司
装　　订：天津雅泽印刷有限公司
本书如有破损、缺页、装订错误，请与本社联系调换，电话：010-63131930

开　　本：170mm×240mm　　　　　印　　张：14
字　　数：238 千字
版　　次：2019 年 12 月第 1 版
印　　次：2019 年 12 月第 1 次印刷
书　　号：ISBN 978-7-5194-5007-6

定　　价：68.00 元

作者简介

沈济超

- 泽下木科技 CEO
- 本科毕业于天津大学
- 硕士毕业于上海交通大学
- 早年入局区块链
- 对区块链落地应用助力实体经济拥有独到见解

许飞龙

- 泽下木科技联合创始人
- 本科毕业于天津大学
- 风险投资人
- 连续创业者、管理咨询师
- 十年企业管理、战略咨询、投资与并购经验

上海泽下木网络科技有限公司是一家专注于为传统企业应用区块链提供一揽子解决方案的高科技企业，服务包含区块链应用咨询、专利咨询、员工培训、技术开发、产品孵化等多个方向，致力于打造区块链落地应用第一品牌。

内容简介

科技正在不断重塑我们的经济、生活和世界。区块链即是如此,它作为一种全新的金融网络、分布式数据库从底层蓬勃而出。然而,作为一个新名词、新技术,很多人对区块链的技术、应用、发展以及如何投资仍旧不明其里。为此,本书通过 50 个简明的章节,以普通大众都能接受的深入浅出的语句,将区块链真相一一阐明,让读者可以轻松读懂区块链、掌握区块链、应用区块链。

致读者：

　　本书由浅入深揭示了区块链技术的基本原理、应用及发展前景，内容涵盖在金融、技术、物联网、大数据、人工智能、航运等产业可能发挥的颠覆性作用，全面分析了常见的误解、偏见及背后的真相。

　　愿这一新兴技术能够持续向有益于人类社会的方向前进，也希望此书能给每一位读者带来区块链领域全新的洞见，并找到属于自己的方向和路径。

沈济超

目 录

序言 1
序言 2
序言 3
序言 4
序言 5

第 1 章　概念篇：什么是区块链

1.1 区块链的产生：密码朋克与比特币　　　　　　　　　/ 1

1.2 区块链的定义：自由意志的大旗　　　　　　　　　　/ 5

1.3 区块链发展简史　　　　　　　　　　　　　　　　　/ 9

1.4 区块链和加密货币　　　　　　　　　　　　　　　　/ 13

1.5 区块链的价值：源于代码，超脱代码　　　　　　　　/ 17

1.6 比特币的价值　　　　　　　　　　　　　　　　　　/ 21

1.7 详解比特币挖矿　　　　　　　　　　　　　　　　　/ 25

1.8 分叉：自由或是集权　　　　　　　　　　　　　　　/ 29

第 2 章　平台篇：那些著名的区块链平台

2.1 智能合约：区块链应用的基础　　　　　　　　　　　/ 33

2.2 以太坊：第一 DAPP 平台　　　　　　　　　　　　　/ 37

2.3 IPFS：去中心化存储的集大成者　　　　　　　　　　/ 41

2.4 EOS：DPOS 共识机制　　　　　　　　　　　　　　/ 45

2.5 超级账本：巨头共建的联盟链平台　　　　　　　　　/ 49

2.6 瑞波币：最富争议的"伪区块链"　　　　　　　　　/ 53

2.7 BAT 巨头们的区块链布局　　　　　　　　　　　　　/ 57

第 3 章　传奇篇：区块链世界的传奇故事

3.1 史上最贵的比萨　　　　　　　　　　　　　　　　　/ 61

3.2 寻找中本聪 / 65

3.3 V 神：最年轻的亿万富翁 / 69

3.4 Fomo 3D：区块链博彩游戏 / 73

3.5 狗狗币：一个基于玩笑的空气币 / 77

3.6 比特大陆：北大学子的区块链创业路 / 81

3.7 匿名币的前世今生 / 85

第 4 章　技术篇：不单单是技术的突破

4.1 人群的博弈：拜占庭将军问题 / 89

4.2 详解非对称加密 / 93

4.3 共识机制：区块链的基石 / 97

4.4 节点激励逻辑：大道至简 / 101

4.5 代码即法律：乌托邦或是未来 / 105

4.6 区块链会被证伪或攻破吗 / 109

第 5 章　投资篇：区块链投资江湖

5.1 区块链投资简介 / 113

5.2 警惕区块链传销 / 117

5.3 ICO 一夜暴富的疯狂 / 121

5.4 加密货币二级市场 / 125

5.5 风头正劲的稳定币 / 129

5.6 区块链浪潮下的投资机构 / 133

5.7 区块链投资向何处去 / 137

第 6 章　应用篇：区块链企业应用

6.1 金融区块链 / 141

6.2 区块链溯源 / 145

6.3 资产上链 / 149

6.4 真正的共享经济 / 153

6.5 区块链助力大数据经济 / 157

6.6 能源区块链 / 161

6.7 文创区块链   / 165

6.8 航运业的区块链应用   / 169

6.9 区块链人力资源管理   / 173

第7章 未来篇：区块链未来发展之路

7.1 区块链赋能：从财富掠夺到价值创造   / 177

7.2 区块链重构现代企业   / 181

7.3 区块链引导下的人类未来   / 185

7.4 通证经济学的未来   / 189

7.5 区块链应用何时规模落地   / 193

7.6 未来已来，只是尚未流行   / 197

作者后记   / 201

序言 1

区块链技术是当下最受人关注的技术方向之一，作为一种新兴信息技术，其最大价值在于通过分布式记账的模式构建机器信任。在可见的未来，区块链技术将为人类社会的发展带来更多的机遇。

我国政府大力扶植区块链技术及相关产业的发展，2016 年即将区块链技术列入《"十三五"国家信息化规划》，将其与物联网、云计算、大数据、人工智能、机器深度学习、生物基因工程等新技术并列为数字中国建设的核心。2018 年，人民日报出版社出版了《区块链——领导干部读本》一书，以帮助各级领导干部了解区块链知识。如今的区块链技术经历了一段时间的资本泡沫，已经走上了脱虚向实、赋能实体经济的落地应用之路。

很欣喜地看到有这样一本详细讲解区块链技术及实践的书籍出版。这本《区块链真相 50 讲》基于作者在区块链领域的丰富经验与探索，从历史、故事、产品、应用、未来等多个维度对区块链这一复合技术概念做出了深入浅出的论述，并进行了相对客观的评价；通过平实的语言揭示了区块链世界的真相；书中对区块链技术层面和具体应用场景的深度结合体现了作者的深刻思考和对区块链未来的高瞻格局与殷切希冀，实为正本清源的一部作品。在"数字货币"投机之风偃旗息鼓之时，亟待区块链技术能够帮助产业未来定基。

中国交通通信信息中心副主任　林榕

序言 2

10 年前，一个匿名的 IT 极客发明了比特币，人们将其背后技术逻辑抽象出来命名为区块链。如今，区块链三字早已脱离了数字货币的局限，进入多元化应用的阶段。作为一个复合型技术概念，区块链具有超越技术本身的价值，有望从根本上颠覆现有的商业模式、治理结构和激励模式。

作为一名从事法律工作多年的律师，我更关心区块链技术在司法层面的应用。2018 年 9 月 7 日，《最高人民法院关于互联网法院审理案件若干问题的规定》生效，其中第十一条第二款规定："当事人提交的电子数据，通过电子签名、可信时间戳、哈希值校验、区块链等证据收集、固定和防篡改的技术手段或者通过电子取证存证平台认证，能够证明其真实性的，互联网法院应当确认。"这一规定为区块链技术在司法领域的应用打开了大门，区块链技术有望为司法存证、电子合同、股权确认等领域注入技术创新活力。

目前，区块链行业仍处于起步阶段，距离成熟应用尚有漫长之路。我十分欣喜地看到越来越多的人（尤其是年轻人）加入区块链行业共建中来。《区块链真相 50 讲》的作者是两位对区块链具有独到认知的年轻人，同时也是我母校天津大学的两位校友，书中对区块链的概念起源、产品、投资、应用及未来发展进行了详细论述，观点新颖、案例翔实，值得一读。

北京大成律师事务所不动产与能源专业委员会主任
中华全国律师协会建设工程与房地产专业委员会主任　袁华之

序言 3

区块链在过去的十年中，从诞生、在极客范围内传播和流行，到逐渐为公众和企业了解接受，到规模化商业应用，再叠加上数字币的起伏跌宕，走过了一段可以大书特书的历程。最近在为客户准备区块链培训时，我顺手记下掌握区块链技术需要厘清的概念，竟然有十几个，加上数字币相关的概念、术语和掌故，竟然写满了一页纸。收到本书样书时，不免有点小惊喜：五十讲的内容和我的那页纸有很大的交集！

认真阅读后有更大的惊喜：有新内容，有新观点。新内容在于作者用亲身经历讲述区块链技术发展、商业应用乃至掌故，很多地方是后来者不容易系统化得到的，如比特币挖矿的演变历程。新观点在于从概念、平台、人物传奇、技术和投资等几个维度把区块链现象做了较为全面的描述，如对区块链发展中几个灵魂人物的介绍就是"小白"入门区块链的很好读物。

当下区块链和数字币的发展表面上看处于低谷状态，然而寒冰之下，技术创新和去中心化应用依然在快速推进。业内人士如本书作者们还在坚持写作来普及区块链技术，有这么一批信念坚定的推动者和践行者，在不远的将来，区块链技术一定可以在价值的去中心化传递、捍卫个体自由方面为人类文明做出巨大贡献。大喜！

快速入门区块链，是很多人的必需功课。希望本书可以帮上他们。是为推荐！

埃森哲中国技术创新官　刘东

序言 4

毕马威是一个由专业服务成员组成的全球网络。成员遍布全球 154 个国家和地区，拥有专业人员 200,000 名，提供审计、税务和咨询等专业服务。早在 1992 年，毕马威在中国内地成为首家获准合资开业的国际会计师事务所。毕马威（香港）的成立更早在 1945 年。率先打入市场的先机及对质量的不懈追求，使我们积累了丰富的行业经验，中国多家知名企业长期聘请毕马威提供广泛领域的专业服务（包括审计、税务和咨询），也反映了毕马威的领导地位。近年来，毕马威（中国）在科技和创新领域也开始提供更加有针对性的创新服务。

毕马威的专家团队从 2013 年就开始发布年度全球金融科技 100 强名单。在 2018 年的名单中最大的变化就是有 21 家跟区块链和加密货币有关的企业上榜，其中在 50 强榜单中有 3 家来自中国，包括蚂蚁金服、平安集团旗下的金融壹账通和点融网。在 2019 年最新发布的全球金融科技企业 50 强名单中，中国企业更是增加到 4 家。

从上榜企业的业务分布中，毕马威洞察到在资产交易中构建区块链应用场景非常重要，区块链可以帮助企业客户建立股权、金融资产和企业价值的互信共识机制。

通读了《区块链真相 50 讲》的样书，我们欣喜地看到沈济超先生和许飞龙先生这样新生代的金融科技行业的专家，能够从企业治理和组织重组的角度来阐述企业价值的互信共识机制，用去伪求真的科学态度探索区块链如何应用到更多的行业和企业实践当中，在金融科技企业的价值提升及科技企业如何应用区块链来加强自身的金融创新能力方面也给了我们很大的启发。

相信读者能够从本书中收获更多，我们也希望有越来越多的仁人志士能够投入区块链的科技创新和企业应用当中，为我们中国的金融科技创新注入更多的创造力和创新力。

我个人也很期待，两位作者未来能够持续分享和报道中国区块链的行业应用，给行业内外带来更多有价值的信息和知识。

毕马威科技与创新业务总监　吴玥

序言 5

作为小米生态链的重要一环，纯米科技是一家专注于智能厨房家电的公司，我们旨在用科技打造优质产品让生活更美好。

区块链技术是互联网的第二代，在各行各业均有落地应用的可能，对智能家电领域而言同样如此。随着 5G 通信、物联网设备的普及，未来的人类生活必将被各类智能设备环绕，大量的智能设备每时每刻产生海量的数据，依托数据挖掘出的有效信息可以进一步指导智能家电行业的发展。在此过程中，区块链技术可以很好地解决数据的可信问题，同时弱化不同平台间的信息孤岛效应，从而创造出更大的数据繁荣。

区块链的可信账本属性同样可以从产品电子分期租赁、共享厨房、电子签约、防伪溯源、供应链金融等角度为智能家电行业的发展赋能。

《区块链真相 50 讲》一书将区块链所涉及的生涩概念及应用落地讲得通俗易懂，脉络清晰，其中不仅包含了区块链技术发展中的通识性内容，更是详细论述了其在各个具体领域的应用方向，并在产业实践的细分领域内认知独特。此书最重要的价值在于，无论你是互联网领域资深创新者，还是对区块链领域感兴趣的关注者，这本书都会让你大获裨益。本书更是对企业拥抱区块链具有指导性意义，值得各位读一读，也希望有越来越多的人才进入这个方兴未艾的行业，让我们共同创造一个科技引领改变的未来。

小米生态链公司纯米科技董事长兼 CEO　杨华

第 1 章　概念篇：什么是区块链

1.1 区块链的产生：密码朋克与比特币

区块链这三个字，相信对大部分人来说都是一个完全陌生的词。少部分朋友可能会联想到近几年媒体热议的比特币。那么区块链到底是什么，它和比特币又有着哪些千丝万缕的关系呢？让我们一起拨开迷雾，探寻关于区块链的真相。

要介绍区块链，必须先提一个组织：密码朋克。1992 年的某一天，Intel 的高级科学家、电子工程师 Tim May 联合 Eric Hughes 与 John Gilmore 三位硅谷退休的 IT 技术大咖邀请了二十多位朋友在美国加州的家中进行了一场非正式会议，会上主要针对新兴的互联网技术讨论了一些密码学和 IT 问题。这一线下聚会组织在硅谷逐渐发展并正式化，被命名为密码朋克组织，三大创始人之一更是在 1993 年发表了《密码朋克宣言》作为纲领性文件，宣言声称：个人隐私权是至高无上的，在互联网世界，我们不应该容忍任何政府或人类组织对个人隐私的侵犯。密码朋克组织的最终目标是用密码学和代码建立一个安全的、自由的互联网世界。

现实生活中，世界上的大多数政府和巨头企业拥有绝对垄断的资源，并在千百年的积累中造成了严重的不对称和不对等。而与此同时，普通民众不单单手上所掌握的资源寥寥，就连隐私权也早已形同虚设。而互联网所创造的虚拟世界中，那个时候尚是一块待开垦的处女地，仿佛源自基因深处的抗争本能被瞬间唤醒，密码朋克宣言中所描绘的宏大愿景撩拨着众多 IT 极客和密码学家的神经，大量组织成员的加入让他们决定建立一个"密码朋克"匿名邮件列表，只要订阅该列表就可以与全球成员交流各种问题。这一邮件列表在全球范围内迅速流行，成员数量短时间内达到 1400 多位，早期成员不仅有着一些匿名的技术极客，也包括维基解密创始人、万维网发明者、Facebook 创始人等著名人物，他们在邮件中讨论政治、社会中的各种问题，当然涉及最多的还是信息技术和密码学，以及虚拟世界里的无限自由。

刚才提到，密码朋克组织的宗旨是应用技术手段保护互联网世界的个人隐私权，而我们将个人隐私权进行拆解又可以分为信息传递的隐私及价值传递的隐私，要解决这两个方向的隐私诉求，强加密通信和点对点的网络支付系统是必不可少的两大网络基础设施，也是组织成员研究与探索的重点。

在互联网世界实现强加密通讯相对比较简单，随着密码学算法的发展与应用逐渐诞生了一些支持加密通讯的邮件服务软件。但要基于互联网建立点对点的支付系统，现有的金融体系则似乎无法满足。原因无他，当时能够在互联网上便捷传递的价值标的物基本只有各国发行的法定货币，但一旦采用则必然绕不开银行等金融机构，价值传递的隐私更是无从谈起。不过似乎没有什么能够阻碍极客们前进的脚步，就算是看起来并不合乎监管机构的法定要求，密码朋克的程序员们还是决定制造一种不依赖金融机构的"电子货币"。

事实上，电子货币的想法并非密码朋克首创，早在 1990 年，民用互联网尚且处于蒙昧期，就已经诞生了最早的电子货币 eCash，并在当时引起不小的轰动，令微软、VISA 等大公司争相收购但最终并未成气候。密码朋克运动兴起后，互联网世界涌现了更多种类的电子货币，著名的有 1997 年提出的 HashCash、1998 年的 B-Money、2005 年的 BitGold，但它们都与最早的 eCash 一样，最终受制于种种自身缺陷而夭折，大家一度认为完全基于互联网的电子货币不可能成功。

直到 2008 年 10 月，一个化名中本聪的匿名账号在密码朋克邮件列表发布了一篇文章《比特币——一种点对点的电子现金系统》，文章描述了一种全新的电子货币——比特币，其总量有限，不依靠任何中心化机构发行或管理，货币的产生与流通全都依靠网络节点进行记账操作完成。

不同于今日的热度，当时这篇文章发表后并没有引起太大反响，关于电子货币有太多失败的历史尝试再加上这个遮遮掩掩的匿名作者，少数的关注者也大都抱着怀疑与围观的态度静观其变。但很快，中本聪就公开了比特币核心算法并于次年 1 月 3 日挖出了创世区块，标志着比特币网络的成功启动。回过神来的围观者们开始正视这个集大成者的技术项目，随着了解的深入，越来越多的技术人员和投资者被比特币的构想吸引而加入。截止到今天，比特币已经在一浪一浪的质疑声中走过了十年，至少可以证明，其作为一项信息技术创新取得了令人瞩目的成功。

故事讲到了这里，那区块链又是什么呢？

我们说了比特币的诞生故事，天才中本聪通过一系列机制的设计创造了这一种成功的电子货币，后继者发现这些机制背后的技术逻辑具有比比特币更高的价值，可以派生出很多其他的应用场景，而比特币只是其中一项最为直接的应用。为了方便区别，人们选取了比特币底层技术逻辑中涉及的两个关键名词"block"和"chain"组成了一个词"blockchain"用以称呼这一技术底层，翻译成中文是"区块链"。

以上就是区块链的诞生史，比特币和区块链是网络自由精神的最新产物，代表着互联网世界反集权、反中心的乌托邦愿景。比特币的共识日渐庞大，区块链概念大受追捧，从某种方面来说也折射出现实世界中民众对现状的不满与无奈。区块链不仅仅是一种信息技术，更是一种全新的思维方式，它从技术的角度让虚拟世界的乌托邦成为可能，并有望对真实的社会结构产生极为深远的影响。

1.2 区块链的定义：自由意志的大旗

上一节我们简单介绍了区块链的含义及诞生故事，作为比特币的底层技术，它与比特币同时产生于大约十年前。今天，我们从更加详细的角度来聊聊区块链。

关于区块链的定义，在过去的十年中，很多人都曾经从不同的视角给出了自己的诠释。有人从技术的角度认为区块链是一种数据区块按照时间顺序相连接并分布式存储的数据结构；也有人从应用的方向定义区块链是分布式数据存储、点对点传输、共识机制、加密算法等计算机技术的新型应用模式；更有一些非技术从业者从哲学的角度说，区块链是一台信任的机器，互联网的发展进入了"区块链时代"。

暂且抛开纷繁复杂的概念和定义，事实上，区块链的核心理念可以用一个动作来进行概括，这就是"分布式记账"。从原始社会的结绳记事到古代当铺的账房先生，记账这件事一直伴随着人类文明的演进，尤其是到了现在的无现金社会，我们使用微信、支付宝、手机银行等进行的每一笔交易，最终都汇集到了银行，银行系统就是一个很典型的记账系统。交易的金额对应着我们银行账户上的资产变动，在这个系统中，所有记账数据均由银行保存于中心化的内部服务器以保障权威性。如果将记账内容外延至资金领域以外，我们上网浏览、玩游戏产生的所有操作信息都被网站记录并处理，每个人现实生活中开车、工作等各种行为也均被政府、企业等记录在案，并通过征信、罚单、工资等方式给予反馈。可以说，记账行为支撑起了整个人类社会，而这些记账行为绝大多数是由某个确定的机构或个体进行，以上这些都属于"中心化记账"的范畴。

银行等机构的中心化记账某种程度上大大方便了生活与商业活动的进行，支撑整个社会更加高效地运转，但同样存在弊端：最大的风险点在于中心化机构的信用问题，我们之所以接受中心化记账的内容是基于对记账主体的信任，但这种信任并不总是可靠。银行倒闭在世界范围内早已不是天方夜谭，很多国家当权者作恶而损害民众利益的行径更是络绎不绝。运动员与裁判员的职能归于一身，难免瓜田李下之嫌。中心化记账过程中的账本安全同样存在较大风险，从早期的实物记账到如今的电子记账，天灾乃至人祸均有可能损坏账本的完整性而导致记账内容的缺失或泄露。

针对上述提到的问题，人类社会创造出了各种各样的办法试图解决，如让记账主体依托国家信用背书，通过国家暴力机器的威慑力提高可信度；又如设立专门机构进行严格的自查，历史上的御史和如今的监管审查机构均是基于这一目标而设立。而为了确保账本安全，则需要根据账本重要程度的不同针对性地采取相应的保全技术手段。但不论是采用何种手段，耗费多少成本，均只能部分缓和这两个问题而无法根本解决，这似乎已然成为中心化记账方式的"原罪"。

那么除了中心化记账是否还有其他的选择呢？区块链的出现给了我们一个额外的记账方式，也就是"分布式记账"。

分布式记账的逻辑极为简单，既然中心化记账有弊端，那么何不大家一同参与记账过程。以微信群作比，假设张三要向李四借 10 枚鸡蛋，张三只需要和李四建个群并把二人共同的朋友们全部拉进，在群里说："我张三向李四借 10 枚鸡蛋，麻烦你们帮忙记录。"这样一来，每个群成员都作为一个独立的记账者参与记账，张三想要抵赖得买通大多数群成员，成本太高不具有可行性。通过这种方式，李四不用担心张三赖账，即使偶尔一两个人的账本出了问题也无妨，这就是"分布式记账"的原理。后续这个群发展壮大，拥有了很多的成员，群内成员认可这种记账方式，决定群成员间其他的往来也用这种方式记账。由于记账内容过多已经不适宜每条信息单独记录，群内约定每过一段时间就将这段时间的记账数据汇总成一个数据包大家共同存储，数据包按照诞生的时间顺序编写序号，形成时间上的链状结构，这就构成了一个最基础的区块链系统模型。在实际应用中，每个参与记账的群成员实际上是空间上各自分散的计算机，我们称为"节点"，这一个个随着时间逐渐出现的汇总数据包被命名为区块，整个记账过程及规则在节点上以代码的形式运转并自动执行。

当然，落实到具体区块链项目中，还会涉及例如节点激励、网络同步等很多复杂的技术问题，但上述分布式记账的例子已经涵盖了区块链系统的核心逻辑。可以说，区块链是分布式记账思维的具体应用和外延，分布式记账是区块链的技术核心。

分布式记账是区块链的本质与核心，但成就区块链如今热度的不仅仅在于这种记账方式本身，更因为它所代表的思维逻辑——也就是很多区块链从业者挂在嘴上的"去中心化"。

人们常说,社会进步像一张无形的网,在提供给我们物质上便利的同时也将个人与社会牢牢地绑定在了一起。我们的信息、价值、信用等一切数据都由政府、银行、公司等社会中心化组织记录和管理着,我们无条件选择依赖于这些组织存在并信任他们,但归根结底这并不是自由意志的决定,而是因为我们别无选择。

区块链的出现凭借去中心化的特性,高举人类自由意志的大旗,一方面契合了多数人潜藏在骨子里对中心化公权机构的抗拒,另一方面各具体区块链项目也从技术角度给出了切实可行的实施方案,浪漫主义的空想凭借这一技术革新成为现实中的可能。虽然这一技术逻辑现阶段稍显稚嫩,但其所达成的是一次 0 到 1 的突破,假以时日,区块链必将引领人类文明进入更加公平正义的时代。

1.3 区块链发展简史

我们介绍过区块链与比特币共同产生于 2009 年，且其思想及技术可以追溯到更早的密码朋克邮件列表组织及众多密码学算法、共识机制及博弈论概念。而 2009 年至今又过去了 10 年的时间，区块链的世界又发生了哪些新的变化呢？今天我们就来讲一讲比特币和区块链诞生以后的发展历程，整个故事可以划分为三个主要阶段。

第一阶段是 2009—2011 年。2009 年 1 月 3 日，无人知晓真实身份的中本聪在芬兰一台小型服务器上挖出了比特币的创世区块，并在区块附言中留言讽刺了一下金融危机中的英国财政大臣，造就了世界上第一个最难以被抹去的嘲讽。在此之后，比特币的挖矿与交易开始从极客圈的自娱自乐逐步进入大众的视野，在此期间出现了买卖比特币的网络平台、讨论比特币和区块链技术的论坛，比特币的技术版本发生了多次渐进的革新，这个阶段是区块链的技术萌芽期。

第二阶段从 2011 年到 2013 年年底，是比特币价格上涨及区块链思维方式开疆拓土的黄金期。在此期间，作为一种匿名、无监管的加密数字货币，比特币被越来越多地应用于洗钱、暗网非法交易、避险资产等用途，逐渐引起了各个主权政府、资本炒客和投机者的关注，价格也被疯狂的炒客推向了 1242 美元的高位后断崖式下落。

其间有几个重要性事件：首先是 2011 年 2 月，暗网交易网站 "丝绸之路" 上线并使用比特币作为支付手段，这从需求侧拉高了比特币价格；2013 年 3 月，金融危机中的塞浦路斯政府关闭银行和股市，居民纷纷买入比特币避险，再次拉高币价；同年 8 月，德国政府承认比特币的货币地位；11 月，美国参议院听证会明确了比特币的合法性。

价格的暴涨和技术的开源除了让一批早期玩家财务自由外也催生了最早的模仿者，很多人把比特币源代码简单修改几个参数后发布吸引民众购买，在疯狂的市场中也收获了一批财富。这些比特币的山寨克隆品我们称其为 "山寨币"。早期的山寨币绝大多数只是一场无意义的财富掠夺，对区块链技术的进步并没有任何帮助，如早期的中国币、元宝币、龙币、宇宙币等。

但在疯狂的市场中仍然有一些值得肯定的探索者进行探究，如打造出去中心化域名系统的域名币、采用新加密算法抵制挖矿中心化的莱特币、提出新型共识机制股权证明的点点币，以及试图让挖矿能耗直接用于解决数学问题的素数币等，它们均在比特币的代码基础上进行了更加深度的改良与优化，客观上拓宽了区块链技术的应用范围，也让更多人投身到了区块链行业之中。这个阶段的山寨币不论初衷如何，都有一个共同的特点：每个山寨币的提出都需要搭建一个排他性链状网络，各链式网络相互无交集，之间的信息和价值完全无法互通。这个以 "一币一链" 为主要特征的阶段让区块链的影响范围进一步扩大，是区块链的技术沉淀期。

第三阶段从 2013 年延续至今，其开始的标志性事件是 2013 年 7 月万事达币的出现。不同于此前的其他山寨币，万事达币是基于现有的比特币区块链网络发布的协议，并可支持发行代币，代币理念的出现让后续开发者的思路逐渐由各自占山为王过渡到了基于现有平台进行优化开发。此后 2014 年以太坊项目的提出同样是一次转折性事件，以太坊首次将智能合约概念引入区块链世界，实现了可编程区块链，让区块链获得了更高的扩展性和更为广阔的应用场景，这标志着区块链技术脱离了仅用于发行加密电子货币的桎梏，开启了与现实应用紧密结合的应用开发新时代。

以太坊的出现不仅成就了自身，也进一步带动了其他智能合约公链及海量去中心化应用（DAPP）的发展。区块链技术开始由幕后走向了台前，越来越多的国家和企业尤其是金融机构意识到了区块链技术所蕴含的巨大潜力并发力探索应用方法，但是短暂试用后纷纷发现：区块链技术虽然好，但是比特币、以太坊等区块链项目并不完全适合自身使用。主要矛盾在于政府、企业及金融界往往对数据隐私性、效率和资金安全性有较高要求，而彼时的区块链项目往往设定为全世界任何人均可参与记账、读取信息且记账节点极为分散，在隐私、效率和安全等方面难以满足企业应用的需求。

以金融机构为代表的政府和企业无法接受已有的区块链项目，却又看好区块链的技术前景，因而设计出了适用于自己使用特点的区块链产品，这些产品通常对参与记账者有准入限制并对成员读取数据的权限有相应管理，整个系统的运行效率也相对更高。

为了便于区分，将比特币、以太坊等记账权限完全公开的区块链项目称为公有链，而将企业、政府为了适应自身需求设计的这类限制记账参与者的区块链产品称为非公有链，后者根据记账参与者之间的关系又可细分为私有链与联盟链。顾名思义，私有链往往是企业内部应用，而联盟链特别适宜建立行业联盟或跨行业标准，名字虽有差异但二者并无技术上的本质区别。

联盟链技术一经出现即在企业间广泛流行。目前国际间已建立的联盟链平台有上百个，其中著名的有 R3 CEV（银行间区块链联盟）、Hyperledger（超级账本）、B3i（保险行业区块链联盟）、BiTA（货运业区块链联盟）等。非公有链由于通常在限定范围内部运行，无须设计内生的加密货币用于激励记账节点，从而进一步避免了价格炒作及冲击金融体系的可能风险。

公有链、联盟链、私有链共同构成了完整的区块链分类，三者均有各自的应用场景和发展方向。目前中国政府大力扶植无币区块链产业发展，在中国，联盟链及私有链技术将迎来发展的巨大契机。

1.4 区块链和加密货币

以区块链和比特币为代表的加密货币从去年开始就一直是个热点话题，中国政府一方面不遗余力地打压加密货币，宣布 ICO 非法，清退国内加密货币交易所，另一方面又将区块链写入十三五规划，印发《区块链领导干部读本》，各地大力发展区块链产业园扶持行业发展。对于同出一源的两个概念如此区别对待，到底事出何因？要理解这一系列动作，我们得从区块链与加密货币的渊源说起。

作为比特币背后的技术设计，区块链经历了数年的发展逐渐孕育出了很多其他加密货币项目，虽然之后更是衍生出了部分无须加密货币激励层的联盟链和私有链技术，但也只是作为一个技术分支存在。

如此看来，单就技术而言，"链"和"币"的关系虽不至于水乳交融，却也渊源匪浅，似乎无须过分强调区分。二者之所以被区别对待，问题并不是出在技术本身，而应归咎于人性的贪婪，我们通常所说的加密货币指的是各区块链系统中所内生的价值标的物，包含了各类应用场景下的激励标的而不仅限于支付类电子货币，其共同特征是可以在不同个体之间便捷地流转。

人类历史无数次地证明，只要给我们任何一个可以买卖的价值标的，必然有投机客进场进行恶意炒作，这期间更是会出现一些别有用心者用一些似是而非的项目鱼目混珠。从著名的荷兰郁金香到近年的古玩邮票，一个流通品的价值与价格在热炒的过程中可以完全分离。

比特币作为一次电子货币实验和价值网络运动的重要组成有很强的正面意义，但八年八百万倍的价格涨幅同样也吸引了投机客的目光。比特币代码的开源属性使得据此创造一个新的加密货币用于价格炒作的成本降到极低，高深莫测的区块链技术更是天然适合概念宣传。一时间，加密货币市场上诈骗、传销项目横行，绝大多数参与买卖者并不关心各加密货币背后的应用场景，而目不转睛地关注于价格的涨跌。市场的相对小众造就了价格的暴涨暴跌，不规范交易下的财富马太效应让少部分人借助资本和信息优势暴富，同时也让更多的盲目跟随者"炒币致贫"。

在这种大前提下，国家出于防范风险考虑针对加密货币市场采取了一系列可谓雷厉风行的强制监管和法律措施，当然这种自上而下的粗放式操作实际收效有待商榷，但也从一个侧面揭示了国内加密货币行业乱象的严重程度。对于加密货币的打压只是特殊市场下的权宜之计，而其背后所剥离出区块链技术的价值却已然得到了国际社会的公认与检验，在这场影响全球生产关系的网络革命里，中国政府不应也不愿落后于人，这才出现了如今对于"链"和"币"的区别对待。

基于国内针对区块链加密货币的强监管政策，很多国家机构开始将区块链产业扶植的重心放在了联盟链、私有链等无币区块链项目上，那么我们是不是应该放弃加密货币和公有链，去单纯研究无币区块链呢？

答案是否定的。公有链与无币区块链都采用了区块链的底层技术逻辑，却对应完全不同的应用场景与应用逻辑。现阶段无币区块链技术虽然已经在金融、政府等部分平台上优先落地，但节点准入的逻辑决定了其使用范围的内向性，只能在确定范围内应用的逻辑与如今很多企业、联盟内部采用的生产力软件类似，虽现阶段推行阻力小，但缺乏外拓的潜能。

公有链则面向全世界所有人，不设加入门槛，其价值平权化的思维方式是对现有互联网应用乃至社会思维的彻底颠覆，落地阻力空前。不仅受到技术发展本身的制约，更有可能遭到社会固有理念及民众对新生事物的抵触和滥用，但这些并不妨碍公有链未来的广阔前景。

现阶段的加密货币及公有链项目确实存在着应用落地寥寥、无数圈钱诈骗项目借题发挥等问题。但纵观历史，这似乎也是任何一个新兴技术早期发展必经的过程。以互联网的发展历程为例，自从八九十年代在国内生根发芽以来，同样经历了十多年的泡沫发展，之后的泡沫破灭令很多人认为互联网是华而不实的屠龙之技，但这并不妨碍其之后强势回归并成为我们生活中不可或缺的信息基础设施。

那么有没有可能让公有链与加密货币隔离开呢？技术上同样不可行。公有链项目的逻辑是世界上所有人均可参与记账，而要调动这些完全没有利益相关的人，依托加密货币的激励机制是必不可少的，没有数字货币的公有链项目就好像既要马儿跑又要马儿不吃草，并不符合客观规律。

随着不同的区块链项目设计提出，加密货币在公有区块链产品中的角色也日趋复杂化，可以归结为几类：首先是公有链项目中通过矿工费或新生币形式给予记账者的内生奖励；其次是区块链中点对点价值流通的标的物；最后是作为用户行为的激励，以支持区块链项目的商业模式发展。加密货币作为公有链项目的经济激励机制，其价值通过二级市场的买卖交易体现，用市场的检验来验证加密货币项目的价值，而不是用人为的干预手段去决定一个项目的价值。

事实上，如果我们跳出国内放眼世界，还是有很多主权国家对于加密货币是持包容和鼓励态度，美国各州对加密货币目前是积极监管并发放牌照给相应加密货币交易所；日本、德国正式承认比特币作为合法支付手段；委内瑞拉、东南亚等小国则大力发展本国加密货币项目以期在新的加密货币大潮中占有一席之地。

加密货币与背后的区块链技术是一体两面的存在，绝大部分加密货币的存在也并不旨在颠覆现有的货币金融体系或者创造出一项投资产品，解决行业乱象可能更需要的是积极的外部引导及内部的行业自律，而不是一刀切的阉割式的限制发展。通过近期国内政府的一系列监管动作，相信在不远的将来，国家会逐步放开并更加精准精确地监管公有链技术的发展。

1.5 区块链的价值：源于代码，超脱代码

2017 年 5 月，在贵州省贵阳市举行的中国国际大数据产业博览会上，政府专门针对区块链组织了一次高端论坛，这期间央视对区块链技术的定调是这样的：区块链是互联网的第二个时代；区块链的价值是互联网的十倍；区块链是制造信任的机器。

在这个标题党肆虐的媒体年代，如此论调是否言过其实？区块链概念的价值到底如何？让我们参照央视的定调来进行逐一分析。

首先第一条，区块链到底是不是互联网的第二个时代？

说起互联网，生活在 21 世纪的我们再熟悉不过。互联网的雏形可以追溯到二战时期，而真正为我们大众所用的互联网则只有三十余年的历史，其标志性事件是 TCP/IP 协议的提出与推广，也就是一套计算机之间进行数据交换的通用标准，可简单理解为"互联网世界的普通话"，这个协议使得当今的全球互联网成为可能。搭着科技高速发展的顺风车，曾经充满仪式感的"网上冲浪"行为现如今已然遍布我们生活的各个角落，人们每天用手机、平板、电脑、电视等终端与全世界通过广域互联网进行沟通。

TCP/IP 的底层协议沿用至今，而我们所讨论的区块链同样是基于该协议进行数据传输及同步，作为一种运行在互联网上的数据库应用存在。新生的区块链与传统互联网的主要区别在于更为上层的数据逻辑，日常生活中提到互联网往往联想到一个概念——服务器，普通用户通过终端与服务器连接获取信息交换，这种中心化的工作模式自然有不可替代的优势，但也存在着一系列弊端。有没有可能同样基于互联网协定创造出一种无须服务器的信息交换方式呢？有些朋友可能听说过 P2P 网络（对等网络），这是一种不依托中心化服务器，仅依靠分散的用户计算机作为硬件基础的网络架构，曾经一度作为多个网络下载服务软件的底层技术，常见的有电驴、BitTorrent 等。

区块链系统设计同样选用 P2P 的网络架构，通过应用其全网络节点平等的特性，配合非对称加密、共识机制等多种技术手段的运用及制度设计，可以实现去中心化的价值传递、信息传播及存储服务。简而言之，区块链是基于互联网底层协议发展起来的一种全新的网络协作模式，是互联网技术的迭代演进，其出现和成熟不仅是对现有中心化互联网的补充，更会对商业乃至社会架构产生颠覆性影响，称其为互联网的第二个时代也属实至名归。

央视的第一个说法似乎并无不妥，但区块链真的具有互联网十倍的价值吗？

互联网世界的主要价值来源于数据，全世界人们每天的互联网行为创造海量的数据，基于这些数据的精确采集与处理，我们可以实现日渐精准的广告投放和越来越人性化的电话营销，但当我们消费着互联网所带来便捷福利的同时，自身也被一层又一层的大数据网络绑架。

由万千用户产出的"数据黄金"被各大流量垄断巨头分割掌控并重组提炼创造价值，但互联网的中心化逻辑使得这一个个巨头对各自掌握的数据敝帚自珍，数据信息的相对固化和沟通的缺失直接导致中心化互联网中数据价值发现的低效率与高损耗，形成一个个"信息孤岛"；与此同时，作为数据提供者的用户无法享受自身数据收益因而可能采取相关措施规避自身数据上传。去中心化区块链的出现，所带来的不仅是互联网行业生产力的革新，更是一场颠覆生产关系的革命，通过打破数据资源的巨头垄断，让互联网创造的海量数据在更大范围内流通与重组，点对点的流转方式降低了流通损耗，灵活多变的激励机制更是保障了数据供给侧的良性稳定发展。区块链技术如果能够大范围应用，将能够用全新的玩法颠覆现有的数据价值模型，从而创造远高于互联网的价值。

最后让我们再来看看关于区块链一个最有名的论断：区块链是制造信任的

机器。这一说法并非央视原创，而是由《经济学人》杂志首先提出。区块链的技术逻辑并不复杂，却可以衍生出众多应用价值，制造信任可谓其中最为重要的一项。

信任与合作可以说是文明的两大基石，人类的社会属性源于群体内的合作，而合作的前提是对合作对象的信任。

人类文明诞生之初，信任往往仅发生在熟人之间，双方各方面的了解与关系纠葛是信任的基础。随着文明的演进，部落、国家和企业逐渐形成，陌生人之间依托可信任的第三方作为中介建立合作约定，而国家、银行、企业等第三方通过制度保障双方合作，同时收取税收、管理费、手续费等费用，这种建立信任的方式我们称其为制度信任。制度信任的出现拓宽了人类社会的合作范围，但其中涉及的可信第三方为了维护各自的可信地位，往往要花费高昂的成本，国家需要建立强大的武力，银行和企业则离不开雄厚的资金支撑以及完备的关系网络。

区块链技术的出现，是一种另辟蹊径的做法，通过分布式共识的建立，可以大量输出廉价的信任。整个过程可以被简单理解为将以前需要人工介入的众多环节用代码替代，代码的分布式部署运行和数学语言的严谨性保障了整体过程公正，通过这种方式，人类建立信任的方式由制度信任转变为机器信任。把区块链当作信任的机器，也的确实至名归。

区块链作为一种全新的网络协作模式，其价值来源于各个具体的区块链项目的代码设计，但通过对大量区块链代码的解读和应用，可以提炼出更多超越代码本身的价值，这也是区块链给这个世界带来的最大馈赠。

1.6 比特币的价值

自比特币诞生以来，关于它的争议就没有停止过。有将比特币奉为信仰的"比特神教"，也有怀疑者认为比特币是一场炒作，归零只是时间问题，更有人将它比作现代版的"郁金香"。

目前社会上对于比特币整体的态度依旧质疑大于肯定。抛开明显不理性的贬低，针对比特币最常见的诘问有两条："货币都是国家发行的，比特币怎么可能是货币呢？""比特币有价值吗？"我们来一一探讨。

首先我们来看看比特币与货币之间的关系。

虽然如今区块链技术的发展已经逐渐走上了应用的道路，但比特币诞生之初确实是要发行一款去中心化货币以取代随意超发的法定货币。听起来离经叛道，但如果我们抛开偏见，将比特币与法定货币进行对比，即可发现二者的差异与联系。如今的法定货币是由国家发行并依托国家信用背书，货币发行总量由国家政策进行宏观调控，持有法定货币更像是持有国家的债券。法定货币的出现使得本国民众进行交易时不需要互相信任，而只需要信任发行法定货币的国家即可，法定货币是国家信任转移的标的物。比特币则是依靠技术信用进行背书，没有中心发行方，发行总量固定，产量逐步衰减，流通过程中交易双方同样无须互相信任甚至不需要信任任何第三方。从这个角度看，比特币似乎是优于法定货币的。

但是，法定货币的根基是民众对于发行方承兑能力的信任，或者说是对其综合国力的信任，其流通范围同样通过法律的形式加以规定，因而法定货币的购买力可以通过发行国的综合国力为基准进行估算。而比特币系统中没有发行方，也没有承兑机制，流通范围无法确定，因而无法对其购买力进行量化评估，从而会产生很大的汇率波动。另外，现阶段比特币的技术特点使得其转账速度慢、手续费贵、技术门槛高，进一步降低了其作为货币日常使用的可能性。可以认为，至少在现阶段，比特币并不是一种优良的货币品种。

即使抛开法律因素，比特币在现阶段也并不是一种适宜的货币门类。但也有很多人将比特币称为数字黄金，那么比特币可不可以像黄金一样作为一种投资品或收藏品而存在呢？或者换一种问法：比特币是否像黄金一样具有价值值得长线投资呢？

这是一个争论至今也没有定论的话题。在尝试回答之前，我们首先要明确所讨论的价值究竟是什么，经济学各学派关于价值有着不同的定义，而我们日常生活中所说的价值，其本质往往并非基于逻辑。最典型的例子就是上文提到的黄金，黄金在历史上很长一段时间内担任货币的角色，如今依旧作为国家的重要战略储备存在，其价值得到了全人类的认可。历史上很多人试图探寻黄金价值的本质，有人说是其总量恒定、稳定存在、不可复制等特性，也有人说因为它能够打造首饰或成为工业金属。这些似是而非的论断均不能很好地解释黄金的特殊性，最后人们得出结论：黄金的诸多自然属性只是保障其成为硬通货的必要而非充分条件，真正支撑其独特地位的是千百年来人类所形成的价值共识，各主要文明和宗教在相对封闭的各自发展中纷纷认可了黄金的价值属性并选择其作为一般等价物。

黄金的价值源于共识而非逻辑，比特币虽然同样具有类似黄金的相应属性，诞生至今10年也确实在世界范围内取得了一定的价值共识，但据此判定比特币具有类似黄金的价值尚且为时过早。

比特币较于黄金的最主要短板在于诞生时间，世界人民对黄金价值共识的形成经历了漫长的过程，而比特币的出现仅仅10年，能否真正成为全人类共识还是一个问号。黄金具有今天的地位与其说是由于其自身属性，更多是优胜劣汰乃至历史偶然性的结果，同时还存在历史上战乱频发、国家信用不稳定等客观因素的影响，因而单纯从逻辑上类比比特币与黄金的特性不能够证明比特币的价值。况且，比特币所具备的不可复制性与黄金也是有本质区别的，否则也不会有莱特币、以太坊等山寨币的存在了。

回到最初的问题，比特币到底有没有价值？现在很难有明确的评判，只有时间才能给出最公正的答案。现阶段唯一可以明确的只是比特币作为一种投资品，具有一定投资价值，全球有很多大型矿场支撑着其价格不至于短时间归零。

关于比特币价值的争论还将一直持续下去，作为一场货币实验，它可能并没有那么成功，毕竟现实社会有太多太多的复杂不是极客们的代码能够预料与解决的。但有一点可以肯定的是，比特币所带来的去中心化思维及其背后的区块链技术逻辑将为这个世界带来更加深远的影响，这可能就是比特币最大的价值。

1.7 详解比特币挖矿

　　相信关注区块链的朋友多多少少都听说过比特币挖矿，并能够在茶余饭后向不明就里的朋友解释其与山西煤窑挖矿的不同，但对于更深层次的比特币挖矿机理却并不完全了解。今天我们就来详细拆解大火的比特币挖矿到底是什么。

　　比特币系统通过应用分布式记账的方式实现点对点的可信价值传递，在此过程中需要一系列计算机参与记账，这些计算机构成了整个比特币网络的硬件基础，同时也可得到相应的比特币奖励作为回报。人们将这一提供机器硬件并耗费电能参与比特币记账获得奖励的行为称为比特币挖矿，相应的计算机硬件则称为矿工节点。

　　比特币世界的挖矿和矿产领域的挖矿有很多相似之处，它们同样需要耗费一定的能源和机器成本挖掘有价值的资产，给挖矿人带来一定的收益。不同之处在于矿产领域挖矿依靠大型机械设备和石油能源，得到相对稀缺的矿产，而比特币挖矿则依赖电能和计算机硬件的支持，所得到的产出以比特币的方式呈现。

　　不过我们在媒体上偶然会看到一些抨击比特币挖矿浪费能源的文章，每当比特币价格大跌时也会传出比特币"矿难"的消息，这又是怎么一回事呢？

　　自从 1971 年的布雷顿森林体系崩溃以来，现实世界中的货币基本依赖国家信用背书，而部分国家无休止地超发货币导致货币大幅贬值。源于对中心化政府恶性通胀的不满，中本聪在设计之初赋予了比特币总量 2100 万的上限，但作为一个去中心化的系统，这 2100 万枚比特币并不可以凭空出现给予某个中心化个体，而是必须有一套公平、公开、不可更改的分配规则存在。

中本聪的做法是，将所设计的整套比特币规则用代码的形式公开发布到网上，任何人都可以仔细推敲规则的优劣，用这种方式保障公开性。一旦有人认可这套规则其可以选择通过在自己的计算机硬件上运行这一代码加入比特币网络，分布的网络记账节点上运行着同样的比特币核心代码，形成了一个分布式网络，此时任何人包括中本聪都不可能在不经过别的节点同意的情况下硬性修改规则。

节点愿意耗费电费及硬件为比特币网络提供记账服务是为了获取比特币奖励，而关于如何进行奖励分配中本聪则提出了极为精妙的设计。比特币的世界所有节点记账的内容是各节点之间发生的比特币转账信息，每一笔转账不仅需要支付转账金额还要支付一小笔比特币，称为"矿工费"。一个转账申请被发出后并不会被立即记录下来，而是需要与其他申请同样等待被记录的转账一起按照一定的规则进行先后排序。大约每过十分钟，比特币的世界会进行一次集体记账，记账的过程是由某个节点创建一个标准文件大小的区块，将排序靠前的未记录转账信息打包进该区块并公告全比特币网络记账节点，其他记账节点在收到公告后根据本地核心代码的规则验证后将内容区块分别记录在本地的比特币数据库上，区块内的转账记录通过这种方式被所有的比特币矿工节点记录了下来。上述过程在比特币网络中每 10 分钟重复一次，昼夜不停，产生的区块链在每台记账节点的数据库中根据诞生时间的不同连成链状结构。每个新诞生区块的创建节点不仅可以得到区块中所有转账记录所支付的矿工费全额，还可以获得一笔系统给予的新区块奖励，这一奖励写入了核心代码，在最初的 4 年每个新生区块可奖励 50 枚比特币，这一数字每过 4 年减半。

打包新区块的收益如此丰厚，到底如何决定谁来记账就成了问题的关键，规则不仅要易于操作更必须保证公平性方可服众。比特币选用了让所有记账节点解算特定数学谜题的方式来竞争每次新生区块的打包权。这一特定数学谜题极为特殊，每一个新生区块需要解算的题目根据上一区块的数字信息自动生成，要获得问题的答案无法运用逻辑方法推导而只能随机猜测，虽然答案很难获得但验证过程极为简便。各节点不断随机猜测答案并验证，一个节点只有当自行猜测得到了正确答案，或收到别的节点公告的新区块信息方结束这一轮运算，投入下一个新区块的挖掘。比特币系统会根据前若干次区块诞生的速度动态调整数学谜题的难度，使得区块生成时间基本稳定在十分钟。

在比特币的挖矿过程中，矿机的运算能力直接关系着其收益，而运算能力又与硬件性能直接相关。随着比特币价格的不断升高，越来越多的人开始加入比特币挖矿，众多高性能的硬件也被应用，从最早期的 CPU 挖矿到后来的显卡挖矿，再到 FPGA 矿机及如今的 ASIC 专用矿机，比特币挖矿行业发生了一轮又一轮的军备竞赛，也催生了多家巨头矿机生产商。

现如今，全球比特币挖矿总算力已经达到一个惊人的高度，单独的少量矿机已经几乎不可能获得新区块打包资格。人们模仿合买彩票的逻辑建立了矿池，将众多矿机算力集合进行挖矿并依据贡献分配收益，专用 ASIC 矿机搭配矿池已经成为现阶段比特币挖矿的主流配置。

比特币的价格与概率作用下的挖矿成本动态相关，每当比特币价格大跌时，都会有一部分矿机入不敷出，也就是俗称的"矿难"。更有很多人诟病比特币挖矿导致了能源的浪费，但正是这种成本与收益的博弈让比特币系统稳定发展到了今天，海量的算力不仅提高了获得收益的成本从而支撑了币价，同时也大大提高了作恶者控制一半以上算力进行系统攻击的成本。在更优良的规则出现以前，比特币的这一基于工作量的竞争逻辑将依旧是去中心化系统中维持民主与竞争的最恰当手段。

1.8 分叉：自由或是集权

众所周知比特币诞生于 2009 年，最早的核心程序由中本聪开发并开源发布于网络，但我们今天所接触的比特币核心代码早已不是中本聪的那个版本。理论上说中本聪提供的比特币原始代码可以完全自主运行，但实际由于用户数量的增多及原始代码本身存在的一些漏洞，比特币的核心代码同样离不开维护、升级、更新等人为操作。我们日常用到的很多软件会有各种版本升级，现如今的比特币核心代码同样经过了多次更迭。

与传统的软件不同的是，比特币是一个完全开源的网络项目，并不存在一个公司进行代码管理，那么每一次的代码修改到底由谁来进行提出，又由谁来进行认可呢？理论上可以由开放的开发者提出代码修改，所贡献的代码让任何人进行同行评审，一旦取得了大多数人的认可即可实施，但这种完全去中心化的贡献模式显然过于理想化，并不具有实际可操作性。

现实中比特币核心代码的维护权归属于一个叫作比特币核心的开发者社区组织，这并不是一个中心化的公司，而是由一些核心开发者及一个包含有许多短期贡献者的比特币开发社区组成。当世界各地有开发者提出某项比特币的技术更新方案时，比特币核心团队内部则针对该方案进行代码审核投票。比特币核心团队之所以能够在比特币这一去中心化网络中担任这一角色，除了由于他们聚集了来自世界各地的多元化人才同时又是中本聪指定的人选组建的团队外，更为重要的是他们掌握了最为通用的比特币钱包 Bitcoin Core 的开发权。

对于绝大多数普通用户而言，比特币钱包是进入比特币网络的唯一入口，掌握了钱包的入口，就变相掌握了比特币代码更新的管理权。

在一个去中心化网络中，虽然比特币核心团队对于代码更迭具有更高的话语权，但依然无法禁绝不同的声音，当比特币社区对核心代码的修改产生不可调和的意见分歧时，就会发生代码版本分叉。

为了便于理解什么是分叉，我们用手机上常用的微信软件来做类比。微信用户们经常会收到软件更新的提示，大部分时候我们可以选择更新或不更新，不更新只是代表着我们不能使用新版本的一些功能，但依然可以使用微信。

比特币系统的大部分升级与此类似，用户和记账节点升级与否并不影响整个网络，这种我们只是称呼其为普通的升级或是改造。但是区块链网络中还有一些改造涉及共识规则等较为深层次的变动，这就需要协调好所有的系统参与者让绝大多数节点认可方可进行，为了以示区别将区块链的这类关键性改造称为分叉。分叉是区块链世界专属的一个词，并不仅仅限于比特币，以太坊等其他区块链项目也有可能发生分叉。

要理解分叉的机理必须从区块链网络的数据结构说起，比特币等区块链网络的基本数据结构是按照生成时间先后连接成链状的数据包，也就是区块。区块链网络中每隔一段时间会由所有记账节点进行一次记账权争夺，胜出者有资格打包一个新区块用以记录新发生的交易信息并将区块内容向全区块链网络广播。其他记账节点在收到广播后依据共识规则对区块合法性进行判定，一旦判定合法则将这一新生区块记录下来，通过这种方式实现各节点记账内容一致。

在上述过程中，一旦共识规则发生改变，每个记账节点均有权决定是否接受新规则。如果出现一部分节点选择接受升级而剩余记账节点未升级的情况，则必然导致某一方判定另一方记账的区块为非法而拒绝接受。接受新旧规则的节点在不同共识规则的作用下从升级发布时的区块处发展出两条链，这就叫分叉。

根据共识规则新旧版本之间的兼容关系又可将分叉区分为软分叉和硬分叉。区块链很多时候的分叉是临时性的，分叉出去的区块组成的链因为并没有吸引更多的区块加入这条新的链，从而最终剩下的只有一条链，对于普通用户来说并不会体会到太大的变化。但是一旦分叉出的两条链都长期保留了下来，在新的链上就会派生出一个新的币种，也就是所谓的分叉币，社区的节点和用户等也会分裂到两条不同的链上生态中去。

比特币历史上曾经发生过多次软分叉和硬分叉，2017 年发生的多次硬分叉更是派生出十余个分叉币，其中最为著名的是目前市值排名第四的比特币现金（BCH）。这次的比特币集中分叉事件引起了行业内的广泛关注，排除一些蹭热度圈钱的分叉币，此次事件集中暴露了比特币现行管理机制中的一大矛盾点：以比特币核心团队为代表的开发者社区和以矿池为代表的记账节点之间的利益冲突。使得本次矛盾激化的是双方对于比特币扩容问题的不同态度。

在比特币最初设计中，中本聪综合考虑当时的资源耗费及区块安全性，将每一个区块的大小设置为 1M，但后来随着比特币交易量的迅猛增长，1M 的上限设置让区块变得拥堵，很多交易需要经过长达数小时乃至数天的时间才能够完成。必须设法解决比特币的转账效率问题已经成为社区的共识，上述双方的矛盾点主要在于采用何种方式，作为涉及基本规则的修改，任何一点改动均会对整个比特币生态中不同方的利益产生较大影响。记账节点方，也就是拥有数量庞大的记账节点的矿池方，所提出的诉求被比特币核心团队否决后，他们单方面发起了比特币现金硬分叉并取得了部分记账节点的支持，这次分叉直接导致了比特币社区的分裂，核心开发者团队与节点双方开启了旷日持久的口水战，开发者指责记账节点算力霸权主义，后者则认为前者是比特币这个去中心化系统中的中心化毒瘤。

有人担忧无休止的分叉可能导致比特币的最终死亡，但人人皆可分叉又恰恰是去中心化的精髓。在区块链这个自由的世界，每个人都可以为自己的诉求发声，即使得不到任何其他人的支持，也依旧可以凭借自己微弱的力量创造出自己理想中的产品。自由与集权在此聚合交汇，赋予分叉这一自由系统中的特殊存在一丝道家的哲学意味。

第 2 章　平台篇：那些著名的区块链平台

2.1 智能合约：区块链应用的基础

随着近年来人工智能的大热，市场上充斥着各种"智能"产品，从智能手环到智能马桶盖再到智能家居，都是人工智能和物联网技术在某个领域的应用。而我们今天要说的智能合约却与人工智能关系不大，反而在区块链领域大有作为。

提到合约，每个人都不陌生，不论是就业合同还是购房协定，只要是满足条件判断格式的规则制定都可以广义地称之为合约。日常中的合约大都以文件形式存在，通过自然语言的表达对参与方各自的权利与义务做出约定，合约的执行及违约追责均需要人力参与以保证执行效果，因此也产生了中介、律师、法官等行业为传统合约的制定、执行和追责提供专业服务。

传统合约不仅约束效果难以充分保障，而且效率低下。针对这一问题，1996 年密码学专家 Nick Szabo 首度提出了智能合约的概念，其官方定义是：一个智能合约是一套以数字形式定义的约定，包括合约参与方可以在上面执行这些约定的协议。用更加浅显的话说，智能合约就是在订立合约的过程中用代码替代自然语言，同时通过计算机监测代码中条件判断的触发条件并保障其在数字世界的自动执行。

与传统合约相比，智能合约通过计算机运行代码的方式保障了合约执行的效率及准确性。同时，相较于复杂的自然语言，代码语言更加简洁无歧义，逻辑漏洞也更加易于发现，从而可以确保合约内容的确定性。智能合约的概念几乎与互联网同时诞生与发展，在我们的日常生活中已经有了一些实际应用，如银行的代扣水电费、街头巷尾的自动售货机等背后均用到了智能合约的逻辑，合约判定与执行的整个过程无须人工介入是智能合约的一大特点。

传统的智能合约应用只是一项普通的自动化信息技术，银行、店铺等可以应用智能合约节省部分人力成本，但其弊端同样明显：合约双方地位完全不对等，普通用户作为合约参与方，却无法了解合约执行的过程及机理，更无法主动参与合约的个性化定制。

真正令智能合约概念大放异彩进入大众视野的是近几年与区块链的深度碰撞。首次将智能合约引入区块链领域的是在 2014 年诞生的以太坊。作为首个支持"图灵完备"智能合约的区块链网络，其与此前所有区块链项目相比最大的创新点为：以太坊的区块链网络已经可以支持任意复杂的编程操作了。理论上说，第三方开发人员可以基于以太坊开发出任意的去中心化应用，而这也成为区块链从专攻支付类数字货币的 1.0 时代向寻求落地应用的 2.0 时代转变的标志。

此后的小蚁、EOS、超级账本等众多区块链项目也都纷纷基于此思路，打造支持智能合约的基础区块链网络。智能合约的引入开创了区块链 2.0 时代，而区块链同样为智能合约带来了两大最重要特质："开放"与"可信"。开放意味着合约各方作为完全对等的关系参与合约的制定并共同监督执行，合约的参与方及内容不受任何第三方限制。可信则是基于区块链上数据的不可篡改特性，区块链上智能合约代码一旦订立由于分布式部署的属性将无法被单方面恶意篡改作弊，从而保障了合约安全性。在区块链网络上通过对智能合约更加灵活的运用，可以实现对数据的可信运算，理论上可以解决任意复杂的问题，从而创造巨大的价值。

当然，区块链智能合约技术现在尚处于较为早期的发展阶段，实际应用中还会遇到诸多现实问题。最大的阻力源于应用生态不够完善，区块链技术作为一种纯电子化技术，要与现实世界产生链接与互动，离不开现实世界对区块链的认知加强及生态建设。第二个难点在于很多情况下区块链上智能合约的触发条件往往仍依靠中心化主体的外部输入，如此一来，区块链智能合约只是将信任问题进行了转嫁而非解决。以区块链上的房产交易为例，房屋归属权及银行交易系统的上链是第一要务，现实世界中的房产交付确认同样是必须的输入信息，单一的区块链技术仅能保障内部信息的自动流转，而无法解决外部恶意输入虚假信息等问题。

一个完整生态系统的建设非一朝一夕之功，外部输入的可信判定更需要倚仗物联网和人工智能等其他技术的发展。不过我们可以看到，已经有越来越多的国家、企业和个人逐步意识到了区块链的价值并选择参与这场变革，信息时代的模因传递一旦达到一定规模将会以摧枯拉朽之势席卷全球。

从起步到成熟的这条路，互联网走了 30 年。对诞生仅 5 年的区块链智能合约而言，未来的路依旧会很漫长。

2.2 以太坊：第一 DAPP 平台

关于区块链世界的王者比特币我们已经介绍了相当的篇幅，今天我们来聊聊同样富有开创性的"二号选手"以太坊。

作为首次将"智能合约"和"虚拟机"引入区块链世界，从而开创区块链2.0时代的项目，以太坊最初的设计理念就具有极高的开拓性。在其之前的区块链项目往往难以跳出比特币理念的桎梏，设计目标均为搭建一个类似比特币的点对点电子现金系统，以太坊的横空出世则独树一帜地提出希望构建一个去中心化的应用发布平台。如果说比特币是去中心化的银行，那么以太坊实现的就是去中心化的世界计算机。设计初衷的差异让以太坊一经问世就广受业界关注，也决定了其后续与比特币截然不同的技术发展路线。

作为一个去中心化的开发平台，以太坊的技术价值可以简单概括为两点，首先是支持去中心化应用（DAPP）的发布，以太坊平台提供了各类用户友好的开发者工具和图灵完备的底层记账网络，令区块链开发的技术难度大幅降低。初创的区块链应用项目无须自行搭建一条完整的链，仅需耗费少量以太坊网络的内生加密货币以太币作为燃料，即可调用整个以太坊网络的记账资源，这让着眼于应用的开发者们可以全身心投入产品技术研发中去。以太坊平台的第二项创举是支持用户发行自己的加密数字资产，也就是所谓"代币"或者"通证"，这一功能令区块链应用的技术门槛进一步降低，让更多应用场景可以更加便捷地与区块链结合。

要深入探讨以太坊，必然离不开一位天才的年轻人，他就是以太坊的创始人——Vitalik Buterin，人称 V 神，这个极客少年提出以太坊项目时年仅 19 岁。

2013 年年底，辍学周游世界的 V 神发布了以太坊初版白皮书，天马行空的设想召集到了一批志同道合的开发者。经过半年多的前期准备，次年 7 月以太坊发起预售募资，市场反响极为强烈，短时间即收到了价值 1843 万美元的比特币。又过了大约一年，以太坊区块链网络正式上线，之后在 V 神的带领下经历多次技术迭代，性能逐步优化，其影响力已不仅局限于草根开发者，更是引得了诸多巨头关注：2017 年年初，摩根大通、微软、英特尔和 20 多家其他企业联合成立了企业以太坊联盟（EEA），旨在合作开发标准和技术以使企业更加容易使用以太坊区块链代码，这是以太坊奠定其区块链应用霸主地位的一个标志性事件。

以太坊的成功吸引了诸多同样主打应用平台的竞争项目，每个竞争者均打着碾压以太坊的旗号，有的运行速度更快，有的交易手续费更低。但时至今日，以太坊依旧拥有着仅次于比特币的总市值及最为庞大的开发者社区。

究其原因，对 V 神技术实力的信赖、对传统平台的使用惯性固然存在，更为关键的仍在于以太坊的顶层设计逻辑。任何一个区块链项目在顶层设计时必然会面临一个由数据安全、去中心化与高效性构成的不可能三角，即任何区块链项目不可能同时满足这三项要求。区块链作为价值互联网，保障数据传输安全是第一要务，因而多数区块链项目都在去中心化与高效性之间进行抉择。以太坊选择了高度去中心化而在某种程度上牺牲了效率，这虽然常常成为外界攻击以太坊的点，而笔者认为恰恰是这一选择成就了以太坊。

作为一种分布式系统，区块链的运行效率必然很大程度上落后于中心化系统，与其耗费大量资源做出种种妥协修补效率这一短板，不如集中力量发挥分布式系统的真正优势方向，这也符合经济学中的"反木桶原理"。现实同样证明了这一点，以太坊系统高度的去中心化带来了技术层面的开放性，这进一步吸引众多开发人员加入了生态共建，他们不仅贡献了数量庞大的 DAPP，还开发出了很多优秀的 DAPP 开发工具，为后续开发者入驻创造了更加有利的条件。

生态建设的逐渐完备带动了以太币价格上涨，从而吸引了大量矿工节点涌入，进一步提升了网络的稳定性、安全性和分散性。开发者、矿工节点、投资者及交易所各方的利益形成了良性的闭环，在群体性智慧的推动下，分片、侧链等新兴的技术尝试让以太坊的低效问题也在一定程度上得以缓解。目前以太坊的 DAPP 数量已经接近两千个，覆盖的领域有金融、游戏、博彩、农业溯源、医疗、慈善、能源、去中心化自治组织等方向，是当之无愧的第一 DAPP 平台。

当然，作为一个诞生仅 4 年的区块链项目，达到如今高度的同时也暴露出一系列的问题，首先表现在生态各方参与者针对创始人 V 神的个人崇拜，2017 年曾经谣传 V 神车祸去世导致以太币价格暴跌的事件；其次是过热的社区热度导致以太币价格虚高，沦为资本炒作的工具；最后，现实问题在于以太坊技术层面的完全开放性，吸引优质开发者的同时也导致了代码拙劣的智能合约和诈骗圈钱项目大量充斥，以太坊平台在成就了部分优质项目的同时同样成为滋生罪恶的沃土。

以太坊作为区块链落地应用的龙头平台，在发展中固然存在很多的问题，但无损其长期价值。事实上，作为一个开源项目，以太坊的最大价值并不在当下而在未来，在于 V 神和他背后的一批天才的开发者们。技术的变革每时每刻都在发生，不要让过去的经验限制了想象力，充满活力的以太坊项目会在未来被越来越庞大的开发者群体推向一个怎样的高度，让我们拭目以待。

2.3 IPFS：去中心化存储的集大成者

区块链的基本逻辑是去中心化分布式账本，可以实现信息和价值的可信传输。然而作为一种被认为是下一代互联网的技术，不仅要能够作为信息传输通道，信息的存储也同样关键。今天我们要介绍的项目 IPFS 的主要目标就是实现去中心化存储。

我们为什么要有去中心化存储？很多人第一反应是：我的文件为什么要存在别人那里？确实，在互联网服务越来越便捷的今天，对于个人用户的少量数据，基于硬盘或 U 盘的本地存储已经足够满足需求。

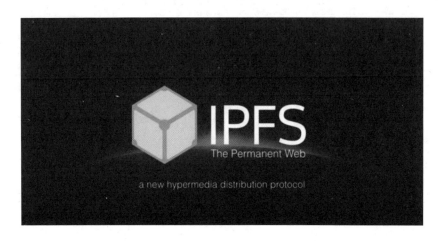

去中心化存储更多面对的是企业级用户而非个人，企业对于存储空间的大量需求由来已久。在互联网早期阶段，搭建一个网站十分昂贵，企业需要付出的不仅仅是软件开发与维护的人力成本，更需要在前期投入大量资金购买网络服务器硬件。对于大部分并非专营计算或者存储的公司而言，所购买的服务器硬件大部分时候并未充分利用，存储资源被极大浪费。不仅如此，企业方更是需要独力负责数据安全、硬件维护等专业工作，使得成本进一步拉高。

针对这一现状，亚马逊公司在 2006 年推出了 AWS 服务，将自己的服务器和存储硬件出租给客户，使得客户只需极低的价格就可以在亚马逊的硬件上存储和服务自己的文件。这一创造性举动在提高了设备利用率的同时也给亚马逊公司带来了大额租金收入。AWS 的大获成功让其他大型技术公司纷纷效法，推出了自己的企业级云存储服务，国内著名的互联网云存储服务有百度云、腾讯云、阿里云、华为云等。

现阶段一个初创公司如果要建设自己的网站，仅仅需要选择一个云服务提供商就可以建立，只要付出低廉的价格即可获得全套支持服务，不得不说是技术的进步。

然而，这种大公司垄断云存储市场的现状同样存在一系列的弊端：最主要的风险点在数据安全方面，这种分布式云存储解决方案事实上是更强的中心化模式，云存储服务提供商不仅是黑客攻击的天然目标，其他如硬件故障、系统崩溃等导致的偶发数据泄露所引起的危害范围也更广，近期就出现了由于腾讯云、阿里云服务器宕机而造成众多中小企业数据泄露或丢失的事件。另外，小型企业要选择使用云存储服务，必须首先信任云存储提供商不会监守自盗窃取他们的数据，即使服务商对外声称绝对不会如此，但由于整个数据服务过程完全掌握在服务商手中，并不对外公开，这种保证并不那么令人信服。

现有云存储服务带来的第二个弊端在于服务商的服务成本过高。云存储的发展必然走向集团化垄断，市场需求的高涨刺激服务商加大硬件投入，并构建庞大的销售、售后服务团队，即使随着技术的发展，硬件成本不断降低，但人力成本并不会相应减少。为了消化庞大的运营人力成本，云存储服务商不得不采取种种措施绑定现有客户，从而影响到终端客户的自由选择和使用体验。

最后，现有的分布式云存储服务完全基于服务商硬件，而世界上同时存在着大量未被使用的潜在存储分散在世界各地，如个人电脑的存储、企业空闲的服务器存储能力等，云存储的风行进一步加大了这些分散存储空间的浪费。

基于现有云存储模式存在的痛点，诞生了去中心化存储的概念，不同于分布式云存储，去中心化存储并不依托于大公司而存在，而是在一个更加复杂、更加分散的环境下，充分利用刚才提到的世界上未被使用的分散存储，每个普通个人都可以选择将自己所拥有的硬盘等存储设备在网络上共享出去，这就是去中心化存储的概念。

概念似乎很诱人，但实现起来并没有那么简单。最为突出的问题有两个，一是人们为什么要消耗自己的电费、硬件和网络带宽去进行存储共享；二是如何保证存储信息的安全不泄露。要解决这两个问题，区块链是很好的技术手段，通过区块链加密货币的方式引入经济激励，让分享者可以获取相应的收益，使用服务者也需要为自己的使用买单；而存储数据的安全性则通过非对称加密算法进行保障。目前，国际上有多个技术团队突出了各自的基于区块链的去中心化存储解决方案，其中影响力最大的叫作 IPFS，中文名叫星际文件系统。

IPFS 本质是一个互联网底层协议，其最终目标是取代现存的 HTTP 协议。我们都知道，HTTP 协定是万维网的应用层基础，其逻辑是基于位置寻址，而 IPFS 则独创性地选用基于内容寻址的访问逻辑。用个简单的例子可以说明二者区别：如果把互联网上的内容比喻成一本本书，位置寻址逻辑就好像不告知查询者书的名字、摘要等信息，而只告诉他所寻找的书在上海博物馆三楼右手第二个厅第四排第六格，对方只有到达相应位置才能看到这本书的最基本信息，同时还面临着书本位置移动等因素的影响，往往查询者最后拿到了这本书才发现这并不是想要的内容。可以看到，基于位置的寻址过程是相对低效且不可靠的，而基于内容寻址的做法则是为每本书记录一个独特性摘要作为唯一身份，根据这些基础信息查询者可以通过最为适宜的渠道获取全本，这种方式更加灵活高效，对于分散的系统也更加适宜。

IPFS 基于内容寻址逻辑，给每个文件都赋予独一无二的数字指纹，并将文件拆解成众多碎片化单元，分散地存储在所搭建的去中心化存储网络的硬件上，数据安全和隐私通过非对称加密算法保证。这个去中心化存储网络的硬件基础可以是每个人的个人电脑硬盘或企业冗余服务器，也可以是为 IPFS 网络专业设计并售卖给个人买家的小型服务器。为了激励人们共享自己的存储硬件，IPFS 团队专门设计了一个加密货币激励层 Filecoin 作为对于去中心化存储网络硬件节点的经济激励，而用户使用 IPFS 存储服务所需要支付的费用也是采用 Filecoin 加密货币的形式。

目前，Filecoin 主网仍在研发中，而应用 IPFS 协议进行分布式存储的区块链项目已经有多个，可能 IPFS 协议并不能够最终颠覆 HTTP，但是其所提出的去中心化存储及内容寻址的概念必然在未来世界的信息版图中占有一席之地。

2.4 EOS：DPOS 共识机制

以太坊开创了基础平台链的新纪元，同时也启发了诸多竞争者，其中风头最劲的恰好与佳能相机的主打产品系列同名，叫作 EOS，中文昵称"柚子"。

作为目前最有可能冲击以太坊地位的智能合约公链，EOS 诞生以来一直不太安分，从 2017 年的疑似白皮书欺诈到 2018 年主网上线前的热炒，到底是什么让这个项目如此特殊？它又有着怎样的特性呢？我们这篇就来聊聊 EOS。

EOS 在 2017 年开始募资，主网上线至今不足半年，是个很年轻的项目，但它的创始人 BM 却是区块链行业内的老人了。

BM 本名 Daniel Larimer，资深 IT 极客，2003 年计算机专业毕业后，就致力于找到一个能够保障人们生活、自由和财产安全的自由市场方案。当 2009 年比特币横空出世后，他立即加入，成为比特币社区的最早成员。2013 年众多中心化的比特币交易所被政府叫停，BM 意识到只有去中心化的货币是不够的，还需要有去中心化的交易所，于是他着手开发世界首个去中心交易所 Bitshares，中文名"比特股"。比特股采用了独创的石墨烯底层技术，将区块链的处理速度从比特币的每秒 7 次提高到了每秒十万级别，不仅如此，比特股交易所内还创造性地应用加密货币抵押逻辑打造了与法定货币稳定锚定的加密稳定币，实现了不依靠中心化信用背书的稳定币发行。

2016 年，BM 由于与开发社区意见不合离开比特股，基于其对区块链商业逻辑的一些新的认知开发了他的第二个项目——去中心化社交媒体应用

Steemit，Steemit 首次将代币激励引入内容创作领域，颠覆了博客等传统内容发布平台的底层逻辑，一时间吸粉无数。两大现象级区块链应用的开发让 BM 走上技术封神之路的同时，也让他建立起了自己的区块链思维体系。

2017 年，与 Steemit 社区再次产生分歧的 BM 再次出走，创立了如今的 EOS。EOS 的设计初衷是成为区块链世界的操作系统，这一目标类似于以太坊，但技术逻辑上又与以太坊有着本质的区别：首先是二者设计理念不同，以太坊平台具有极度的开放性与中立性，相应地牺牲了部分对应用开发者的易用性，而 EOS 设计之初就针对应用开发需求设计了多种接口和开发者工具。

第二个区别体现在二者的共识机制上，所谓共识机制简单而言就是记账节点通过何种方式竞争记账权，以太坊现阶段采用与比特币相同的工作量证明共识机制，其核心是算力即权益。这个算法虽然理论上十分公平，但是实际应用中往往面临一些现实问题，如对于应用代码 bug 问题，工作量证明将无能为力。最为著名的是 2015 年以太坊网络上的 The DAO 攻击事件，该项目由于智能合约代码存在漏洞被黑客利用而导致了巨额的资金损失，最后逼迫 V 神将以太坊网络进行硬分叉，影响到了整个平台的所有应用。

BM 设计的 EOS 则采用独创的 DPOS 共识机制，引入了分布式区块链治理的概念。此前的区块链项目普遍不具备治理体系，一旦出现紧急情况或者需要协议升级，必须由社区成员进行链下商讨决策，整个过程的非正式化可能导致社区分裂及中心化垄断等问题。DPOS 共识机制所提供的解决方案是设立选举机制，持有 EOS 币的用户可以参与投票和竞选，被选举出的少量受托人（EOS 项目中为 21 个）各提供一台服务器作为超级节点负责区块网络的维护并获得相应的激励。整个过程类似我们的人民代表大会制度，只是效率更高，并且超级节点一旦作恶，投票者随时可以撤票或改投。DPOS 机制下由于超级节点数量少且实名，应对合约漏洞等情况时拥有更高的权限，可以在不影响整体网络的情况下冻结问题账户或合约应用。相对集中的记账节点配合石墨烯底层技术使得 EOS 的区块链网络每秒处理能力是以太坊的近万倍，因而 EOS 理论上更加适合支撑商用 DAPP。

以太坊与 EOS 网络的第三个区别主要表现在经济模型上。以太坊网络的逻辑是基于区块链网络的每一次计算、存储和带宽使用都要支付小额的以太币作为燃料，每一笔交易都可以调用整个以太坊网络的资源。这一过程类似于租赁模式，燃料就是以太坊网络的"租金"，而矿工节点会优先为"租金"高的交易提供服务，在这种条件下一旦有人基于某种特殊目的恶意抬高垃圾信息的"租金"，就会导致全网有效信息的拥堵，也就是所谓的 DOS 攻击，以太坊历史上受到过多次 DOS 攻击。以太坊的租赁逻辑不仅使得系统易受垃圾信息威胁，对于所有 DAPP 的 C 端用户同样并不友好，由于每一次调用 DAPP 均需要支付以太币，这无形中提高了以太坊 DAPP 的应用门槛。

而 EOS 的经济模型则类似于所有权逻辑，持有 EOS 代币的人根据持有代币的比例可以获得相应比例的整体区块链网络带宽、存储和计算能力。这一模式保障了 EOS 网络的稳定通畅，同时让 C 端用户可以免费使用基于 EOS 网络开发的 DAPP。

EOS 网络中还有很多其他的技术细节，在此不一一列举。从整体方向上看，相对于以太坊，EOS 的改变可谓巨大，更像是一个弱中心化的自治公司而不是一个去中心化的应用平台。至于这种转变的利弊各人都有各自的理解，有的人欣赏 EOS 的高效，有的人抨击 BM 的独裁，双方各执一词。但不可否认的是，这种带有辩证意味的矛盾统一恰恰是区块链世界的一大魅力，就好像那句名言：我不同意你的话但我誓死捍卫你说话的权利。可能，这才是网络世界自由的真谛。

2.5 超级账本：巨头共建的联盟链平台

　　说了那么多的公有链项目，我们再来看看其他区块链应用类型。此前介绍过公有链是所有人均可参与记账的去中心化记账系统，而联盟链与私有链的记账节点具有准入机制，往往仅限发起机构内部节点参与记账，中心化程度较高。私有链由某个单一机构或公司运营，仅用于解决内部合作问题，通常是联盟链的早期阶段，而联盟链顾名思义适用于多机构或多公司组成的松散联盟内部的价值传递。联盟链与私有链本质上并无技术区别，下面将统一以联盟链作为称呼。

　　联盟链又名企业区块链，其诞生是由于金融企业应用公有链区块链技术的过程中发现信息的过度公开往往威胁到自身数据隐私，过于分散的数据架构也使得网络效率偏低，加密货币的存在更是成为企业应用区块链技术的一大障碍。在综合平衡数据隐私、网络效率、机器信任等多方需求后这些企业决定设计一类适合企业应用的分布式记账系统，也就是联盟链。

　　在研发的过程中，各大企业希望采用分工协作的方式共享成果，于是超级账本联盟应运而生。它于 2015 年由 Linux 基金会推出，其目标是"搭建一个开源的分布式账本框架，构建强大的行业特定应用、平台和硬件系统，以支持商业级交易"，早期加入联盟的主要是金融机构及 IT 公司，之后越来越多的企业加入了该项目，所涉及业务范围也由早期的金融和 IT 扩散至物流、医疗、公共服务等众多领域。

联盟成员根据自己的实际需求和对区块链的理解为超级账本项目贡献开源代码和技术支持。截至目前，该联盟已经拥有约 300 家企业成员和 10 个子项目，涉及代码 360 万行，其中最大的两名贡献者为 IBM 和英特尔。不同于比特币、以太坊等，超级账本不是一个单独的区块链网络项目，而是一个由众多知名巨头企业及创业公司共建的区块链技术开发联盟，其各子项目均可称为一个独立的区块链开发架构。巨头共建的属性决定了超级账本联盟诞生之初即专注于产业级联盟链技术的开发，这不仅规避了很多不必要的政治阻力，也更加符合现阶段企业应用的实际需求。

目前超级账本众多子项目中应用最广的是主要由 IBM 贡献的 Fabric，同样支持智能合约的 Fabric 项目与以太坊之间存在几大本质区别：首先在于记账节点需要邀请加入，因而系统安全性和稳定性更高；相对封闭的使用者使得内生加密货币的激励层不再必要，相应地无须采用高耗能的工作量证明共识机制以决定激励分配；更为重要的是 Fabric 设计了相应的数据访问权限设置功能，不同数据的访问权限更加可控，适度的隐私设计往往更加符合企业级应用。

超级账本联盟中英特尔同样贡献了一个已经投入商用的区块链产品 Sawtooth Lake，中文名为"锯齿湖"。作为一个联盟链平台，"锯齿湖"与 Fabric 在很多技术特征上颇为相似，也同样为企业实际需求做了很多模块产品的开发和迭代，二者的区别主要在于"锯齿湖"所采用的是 PoET 共识机制，通过随机选择选定每次的记账节点而无须竞争记账。

目前，基于 Fabric 与"锯齿湖"两个子项目已经有了一些落地的应用案例：民生银行推出的国内信用证区块链传输系统和京东商城的区块链防伪溯源平台均为基于 Fabric 平台开发，华为和亚马逊则基于"锯齿湖"进行了相应的区块链业务开发。至于超级账本联盟的其他子项目，虽然暂未有商业落地应用，技术开发也仍在稳步推进中。

不同于可以直接进行代币融资和加密货币变现的公有链项目，联盟链的研发似乎很难有短期经济收益，那么逐利的商业巨头们如此热捧联盟链又究竟为何？

事实上，根据相关研究预测，到 2025 年，区块链的商业价值将达到 1760 亿美金，而到 2030 年，则会增加到 3.1 万亿美金，区块链的企业级应用将是一个极端庞大的市场。联盟链项目的盈利方式虽然没有公有链那么简单粗暴，但往往能够保证更加稳定持续性的利润输出，同时由于摒弃了加密货币，更加便于获得各国政府的政策性支持，其综合收益同样可观。

以超级账本为例，无币联盟链项目的收益主要来源于三个方面：早期最为主要的收益来源于平台会员收入，企业用户可以选择支付会员费加入平台使用相应的区块链开发底层支持；针对 C 端用户的收费是另一种可能的盈利模式；另一项不应忽略的收益来源于应用区块链技术所节省的时间成本、资本支出和经营费用，这也正是区块链技术实际价值的体现。

近期，超级账本与企业以太坊联盟宣布合作，意在打破现存各自为政的僵局，制定区块链世界的统一标准。区块链是一群无政府主义极客的造物，但想要在这个中心化的世界实际落地，一定程度的改变与妥协是必要的，而超级账本的尝试可能是区块链技术由虚转实的关键转折点。

2.6 瑞波币：最富争议的"伪区块链"

虽然很多人不愿承认，但绝大部分人入局区块链都是被加密货币的造富神话所吸引，比特币 8 年 800 万倍的价格涨幅已经足以令人咋舌，而我们今天要介绍的瑞波币则在短短 5 年内实现了三千万倍的增值。是什么支撑着这一早期不被看好的币种逆风翻盘，又是为何很多人至今依旧质疑其为"伪区块链""空气币"呢？要了解这一切，还得从瑞波币的起源说起。

2004 年，加拿大程序员 Ryan Fugger 成立了一家名为瑞波支付的公司，致力于开发一个点对点银行间结算网络，取代全球银行跨境支付中通用的 SWIFT 网络。后者全称"环球同业银行金融电讯协会"，作为国际银行间的同业协作组织，至今已经有 45 年的历史。通过 SWIFT 网络，分布在不同国家的两家银行可以通过电子手段共享客户数据、跨国清结算同时共享余额等信息，SWIFT 网络的大范围应用大幅提高了银行跨国转账的结算效率，但中心化的运作模式同样带来了高昂的运营成本，目前 SWIFT 对经手的每笔跨境转账收取 15 美金的电讯费，动辄 24 小时或更久的资金到账时间虽然已经较此前大幅改观，但仍难以满足实际应用需求。

这一时期的瑞波支付网络与瑞波币无关，其支付网络依托 7 个信任节点背书进行价值转移，但这种支付方式极依赖个人间互信，对于违约也没有相应的制约手段，仅能在孤立的小圈子内部流通，用户数量稀少。2012 年 9 月，Ryan Fugger 将瑞波交付给当时风头正劲的门头沟交易所创始人 Jed McCaled 进行开发维护，后者成立了 OpenCoin 公司作为瑞波项目的运营主体。

2013 年 1 月，瑞波系统的新版本发布，该版本的一个突出改变是瑞波网关概念的提出。不同于老版本中完全依赖点对点信任的支付架构，瑞波网关更类似于一个个民间银行，任何人均可申请成为网关，转账双方只要选取一个共同信任的网关即可进行转账，转账内容包括各类法定货币和加密货币。新版本的第二个创新点在于瑞波币的引入，瑞波币总量 1000 亿枚，由 OpenCoin 公司发行并掌握大部分，其在瑞波网络中的作用主要在于实现跨网关转账，同时作为每笔转账需要支付小额手续费防止垃圾信息攻击。

2013 年 9 月，OpenCoin 公司更名为瑞波实验室，并随后为瑞波网关赋予了余额冻结的权限，即使在没有有效签名的情况下，瑞波网关也可以冻结乃至没收用户的瑞波币资产。瑞波实验室声称这一举措是为了使网关能够遵守执法机关的要求，但实际应用中却沦为之后高层内斗的工具。

2015 年 10 月，瑞波实验室公司再次更名为瑞波公司并沿用至今，凭借着比 SWIFT 更低的交易成本、更高的转账效率及更多的支持币种，瑞波公司目前已经与全球 120 余家金融机构合作开展业务，日本大财团尤其对其情有独钟。现阶段瑞波系统虽然还没有像 SWIFT 一样被绝大部分银行采用，但也初具规模。

看完了瑞波公司的发展，使得很多瑞波币的拥护者更加信心满满，但在此也必须煞风景地泼点冷水，瑞波公司与瑞波币是两个完全不同的概念，瑞波公司的成功与潜力毋庸置疑，但瑞波币虽然顶着同样的名字，却未必有如此光明前景。

瑞波公司现有三款产品 xCurrent、xRapid 和 xVia，xCurrent 作为旗舰产品直接对标 SWIFT，被目前绝大部分与瑞波公司合作的银行实际应用，但其整个应用过程中并不涉及瑞波币。事实上瑞波公司的三款产品中只有 xRapid 应用了瑞波币充当网关之间转账的流动性媒介，而这款产品现阶段仅在一家墨西哥的非银行金融机构取得了应用，其技术和生态均处于极为早期的阶段。

退一万步来说，即使 xRapid 拥有足够的银行用户，应用瑞波币如此高波动的价值标的进行国际间转账也不具有现实可行性，更不用说瑞波币与法币汇率并无固定参考及各国政府对加密货币的政策性约束了。瑞波币虽然常常借助瑞波公司的利好消息进行宣传，但与自身关系不大，有夸大宣传之嫌。

不仅应用少有落地，瑞波币的诞生与分配过程同样十分蹊跷。除了瑞波公司，世界上也有多个项目致力于应用区块链技术解决银行跨境转账中的现实问题，纵观超级账本、R3 等联盟链竞争者，银行跨境转账中似乎并非一定要有加密货币，瑞波币的诞生与其说是有其内在必要性不如说是瑞波公司借区块链热度收割散户的工具。总计 1000 亿的瑞波币完全由瑞波公司凭空发行并决定分配方式，仅三个创始人就持有 20％的瑞波币总量，另有 50％由瑞波公司赠送给特定的人群和机构，筹码极度集中，这与比特币等其他加密货币的理念是背道而驰的。截至目前，瑞波币的流通量仅占总量的大约 30％，作为一种投资品，高度控盘的瑞波币似乎也不是一个好选择。

瑞波币的第三大风险点在于瑞波系统的网关设计，虽然主打银行间跨境支付，但瑞波系统并不限制网关资质，一旦被人恶意利用，完全可以搭建网关后通过大量虚假宣传吸收用户资金而后携款跑路，瑞波系统作为一个非政府组织将难以追责。瑞波系统想要发展壮大，对网关进行强监管则需要耗费巨额成本，与中心化系统无异。

综上可以看出，瑞波公司是一个富有前景的公司，但瑞波币似乎更像是瑞波公司面向投资者的募资工具，说是"伪区块链""空气币"也并不为过。作为普通投资者，如果仅被高涨的价格吸引入局而不了解背后的故事，只能沦为瑞波高层高位套现的接盘侠了。

2.7 BAT 巨头们的区块链布局

百度、阿里巴巴、腾讯作为国内互联网行业的三大巨头，合称"BAT"，百度早期主打搜索引擎，阿里以电商起家，腾讯则靠着网络即时通信打下江山。互联网的世界瞬息百变，随着 BAT 商业帝国的日渐庞大，早期主营业务已不足以支撑其地位，巨头们纷纷将目光外移，寻找新的价值增长点，横空出世后强势发展的区块链技术同样引起了它们的关注。今天我们就来盘点下 BAT 等国内巨头的区块链布局。

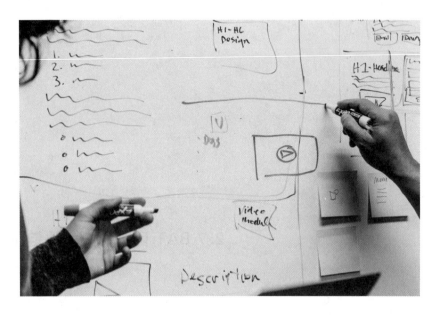

阿里巴巴拥有全世界数量最多的区块链技术专利，早在 2016 年 7 月，阿里旗下的蚂蚁金服即宣布将区块链技术应用到支付宝爱心捐赠平台中，随后又发展至近期的互助保险业务。同年 10 月，阿里云邮箱联合法大大推出区块链邮箱存证系统。

除了一系列散点式的区块链技术应用，蚂蚁金服在 2017 年 10 月公布的关于未来技术发展的"BASIC"战略中，将区块链技术的研发提到了集团战略的高度，阿里集团的创始人马云同样在很多公开场合力挺区块链。阿里巴巴的区块链布局更多偏向应用落地的尝试，不仅在自有产品如支付宝、跨境电商等基础上展开突破，更是积极整合外部资源，与包括雄安新区在内的多个地方政府展开合作，探索各领域的区块链应用方向。

如果说阿里的区块链布局是技术应用的全面开花，腾讯则更加注重金融、技术场景融合方面的研究。2016 年 5 月，腾讯公司与华为、平安银行等 31 家企业联合创建了金融区块链联盟。2017 年 4 月，腾讯正式对外公开了指导性的区块链方案白皮书。同年 11 月在腾讯全球合作伙伴大会上，腾讯发布了其研发的区块链金融解决方案 BaaS，不仅作为一个开放的区块链基础平台，更融入了腾讯在支付、社交网络、征信平台等领域的现有资源。

经历了两年时间的摸索，2018 年是腾讯的区块链重点发力之年；2017 年春节微信内测了基于区块链技术的黄金红包项目，4 月份则连续发布了应用区块链技术的微信智慧医院 3.0 及区块链游戏《一起来捉妖》；同年 8 月，在国家税务总局指导下，深圳市税务局携手腾讯公司落地了区块链电子发票项目，宣告深圳成为国内首个区块链电子发票试点城市。腾讯的区块链布局以金融平台为主线，配合多领域的资源整合助力自身发展。

相比起阿里和腾讯的有条不紊，百度的区块链应用之路则稍显杂乱。虽然早在 2016 年就跟投了一家美国区块链技术公司，百度自身的首个区块链应用则发生在 2017 年 5 月，与其他金融机构合作发行了首单区块链技术支持的 ABS 项目，同年 7 月，百度研发的区块链 BaaS 服务平台上线。2018 年，百度分别推出了区块链游戏"莱茨狗""度宇宙"及主打图片版权保护的百度图腾服务。

看似热闹的一场场盛宴，仔细分析却也不难发现百度的区块链方向布局似乎大都是对现有业务的修改而非外拓，其实际成效更是有待考量。百度区块链领域的发展落后，折射出公司整体的发展危机，对于巨头企业而言，区块链领域的比拼已不局限于技术本身。

百度的状态欠佳让一些原本稍逊一筹的企业后来居上，诞生了"BATJ""ATM"等众多新的龙头组合，在这些新龙头中京东在区块链领域的研究同样值得一提。作为与阿里巴巴同样的电商平台，京东创始人很早就针对阿里旗下淘宝平台的假货问题做出了用技术手段打假的承诺。区块链技术兴起后，京东开始发力研究区块链基础上的防伪溯源，联手几十家企业打造京东平台产品的防伪生态，并将区块链的研究成果延伸应用到了知识产权保护、数据质量监控、个人数据授信等多个领域。

除了 BATJ 等一干龙头，稍逊一筹的网易、迅雷、360 等企业也没有放弃区块链所带来的机遇，但这些企业拥抱区块链的主要方向仍集中在区块链加密宠物及区块链共享计算，产品同质性严重，实际应用价值不强，更多是以创造噱头而间接牟利的浅层应用。

纵观各大互联网巨头的区块链布局可以发现，除了部分蹭热度的项目，各家的区块链应用主要集中在金融服务、基础应用平台、公益慈善及公共事务上，所用技术以联盟链为主，而对加密货币及 ICO 讳莫如深。究其原因在于对龙头企业而言，包括区块链在内的众多新兴技术终归只是主营业务以外的尝试，涉足加密货币和 ICO 给企业声誉带来的负面影响和由此派生的结构性风险远远超越了可能的收益，任何一个理性的企业都不可能因小失大。

虽然巨头们的布局对外展现了拥抱区块链的态度，表面上对整个行业是利好的，但很多区块链创业企业并不买账，他们认为区块链的本质是一场去中心化的生产关系的革命，让巨头们放弃现有的资源垄断来革自己的命并不现实，巨头们所谓的重点发展区块链应用，充其量是阉割版的分布式账本而非区块链的全面技术应用。

平心而论，巨头布局的意义具有非常大的示范效应，也是区块链技术登堂入室的必由之路。区块链创业者们所提出的不同声音，归根结底是屁股决定脑袋的结果，区块链虽然诞生于极客们对中心化世界的抗争，但千百年来，大集权政府带来的中心化思维惯性及互联网世界现存资源的高度集中造就了如今的互联网世界，由占据巨大资源优势的中心化巨头来发扬光大一项主打去中心化的技术虽然稍显讽刺，却也是历史发展的必然规律。历史的发展不会停滞不前，任何先进的技术进步，都会在早期的喧嚣和争议之后走向千家万户——或者通过原有的资源垄断者，或者通过庞大的新技术开创者们。对于现实社会而言，空谈理念和批判现实并无意义，技术创新的应用落地远比柏拉图式的空想更有价值。

第 3 章 传奇篇：区块链世界的传奇故事

3.1 史上最贵的比萨

接下来的几篇内容打算和大家分享区块链世界的一些小故事。首先讲一讲比特币实际应用的一个标志性事件，故事的主角是一张比萨优惠券和一个倒霉的程序员。

故事发生在 2010 年，此时比特币已经诞生一年多的时间，经历了多轮迭代更新，比特币的技术已然日趋成熟，这种完全依赖互联网创造的加密货币已经可以在全球范围内任意传播，但技术的炫酷掩盖不了现实的尴尬，主打点对点支付的比特币似乎只是拥有支付的功能而没有任何实际应用，极客们手握大量比特币，但除了进行过家家式的转账试验并无更多用武之地。

直到这一年的 5 月 18 日，美国佛罗里达的一位比特币的早期程序员玩家 Laszlo Hanyecz 在比特币论坛 Bitcoin Talk 发帖称希望能够用一万个比特币兑换 50 美金，帖子发出后数日无人问津。几天后终于有人留言提出愿意用 25 美金的比萨优惠券换这一万个比特币，Laszlo 欣然接受，5 月 22 日，他再次发帖炫耀此次交易并发出了两张比萨的照片。

一次普通的程序员间的自娱自乐却成为比特币历史上的一个里程碑式的事件——比特币的第一次实物交易。3 个月后，随着比特币交易所的上线，比特币价格上涨，当时的两个比萨已经价值 600 美金，有好事者翻出了这篇炫耀帖并留言询问 600 美金比萨的滋味。又过了 3 个月，比萨的价格上涨到 2600 美金，之后的故事大家应该能够猜到，跟帖数量随着比特币价格的飙升而越来越多，这两张比萨的价格更是在 2017 年比特币单价 2 万美元的时候突破了 2 亿美元，折合人民币 13 亿。

为了纪念这笔交易，好事者们将 5 月 22 日定为比特币比萨日，每到这一天就要吞下几块印有比特币图案的比萨。之后有人联系到了这位程序员，并了解到更多故事细节。好事者最为关心的是他究竟拥有多少比特币才敢如此挥霍，据此人表示，他是最早一批应用电脑 GPU 而非 CPU 进行挖矿的人，考虑到当时每天比特币的总产出量是 7200 枚，挖矿设备的代际优势使他早期每天都能得到数千枚比特币，这也就很好理解这次略显随意的交易了。

小哥坦言，比萨交易后他还进行了一段时间的比特币挖矿，并将收益的约 8 万枚比特币在不同阶段分批售出，也因此造就了诸多富翁。买比萨小哥至今仍然活跃在比特币的世界，2018 年 2 月 25 日，他又用比特币买了两块比萨，与 8 年前不同的是，这次的花销是 0.00649 个比特币，而且支付通道也不是经过比特币主网络，而是通过一种叫作"闪电网络"的技术手段实现，他无意间又成了全世界第一个通过比特币闪电网络买比萨的人。

故事到这里正式结束了，笔者相信对于这个传奇性的程序员小哥，两亿美金的比萨虽然奢侈，但应该不会对他的生活产生太大影响。离奇的故事背后是人类历史上速度最快的资产价格上涨，从一文不值到如今的天价，比特币价格在 10 年间的飞升纵然离不开很多的偶然因素，但也埋藏着种种历史的必然。

正因为有千千万万像 Laszlo 这样的铁杆拥护者存在才将比特币的共识推向了世界。目前已经有包括德国、日本在内的多个主权国家和越来越多的商户宣布接受比特币支付应用。同样也正是由于这群有着共同信念开发者的存在，比特币才会有闪电网络等技术更迭及后续众多的区块链应用。不可否认，区块链的世界现阶段充斥着泡沫与骗局，但仍然有很多坚定的布道者和卫道士，感谢这些理想主义者的坚守，我们才有可能看到更加丰富多彩的世界。

3.2 寻找中本聪

如果有人说一篇几页纸的文章和几百行代码就能创造一个时代，我们一定会觉得这是天方夜谭。

但在大约 10 年前，这件事在网络上确确实实发生了，文章和代码全都是关于一种新型电子货币，而作者只留下了自己的网名——中本聪，这个所开创的新时代我们称其为区块链时代。

从 2008 年提出比特币概念到 2011 年宣布将源代码库管理权交给社区，这个化名中本聪的神秘人飘然而来又翩翩而去，自始至终没有透露过任何个人信息，其对外唯一的信息发布渠道是加密电子邮件。外界只知道其所持有的一百万比特币地址至今未曾动用，也未曾申请任何专利，连诺贝尔经济学奖候选人提名都未能让他现身，这似乎是一个偏执的隐士。

但大家似乎并不愿接受这种归隐，正应了那句话：他虽然不在江湖，但江湖上处处是他的传说。过去近 10 年中，人们通过文字表达方式、邮件发送时间、比特币背后密码算法、比特币核心程序编程习惯等蛛丝马迹试图推断中本聪的现实身份，更有一些人在几次比特币大热时通过媒体企图自证是中本聪。

时至今日，虽然仍常常从媒体上看到一些真真假假的消息，但均未能提供最为核心的证据，中本聪的身份更是被好事者评为 21 世纪十大未解之谜之一，下面我们从一个旁观者的角度来盘点一下历史上著名的中本聪事件。

比特币的设计过于天才，很多人认为其背后应该有一个开发团队，它们将中本聪名字的英文拼写分解认为这是三星、东芝、中道和摩托罗拉这四家大型公司名字的组合，暗示比特币的开发是这四家公司的联手行为。这一观点虽然吸引了一定的支持者，但逻辑上似乎并不成立，且不说这四家中心化垄断企业并没有这种动力联合开发这样一个对自身毫无意义的加密货币产品，要让来自四个公司的多位员工进行协同开发且在十年间不泄露丝毫消息也没有什么实际可操作性。

排除多人协同开发的猜测，第二个常见的推断同样基于字面。2014 年美国《新闻周刊》发表了一篇文章，称中本聪的现实身份是一位出生于 1949 年毕业于加州州立理工大学物理学专业的日裔美国人，他的真实姓名就是中本聪，只是在生活中一直使用缩写名。这个版本的故事在当时获得了广泛的流传，直到故事的主人公站出来声明自己从来没有听说过比特币，与比特币也没有任何关系，呼吁民众停止对他生活的骚扰。

无独有偶，由于中本聪这个日本风格的名字本身似乎就暗示着其与日本的某种联系，早在 2012 年，就曾经热炒过另一起日本中本聪事件，当时一名计算机学家爆料日本京都大学数学教授望月新一是中本聪本人，但最终同样因为无法给出有力的证据而不了了之。

随着科技的发展，越来越多的高新技术被运用到了这场发现神秘人的活动中。2014 年，英国阿斯顿大学的一组学生通过人工智能软件分析了中本聪 2008 年文章的写作风格，包括助词的使用习惯、标点符号的分布等情况，最终认为比特币发明人中本聪是华盛顿大学教授 Nick Szabo，而后者作为智能合约概念的提出者，恰好长期致力于加密货币的研究，更是曾经开发过类似比特币前身的体系 "BitGold"，但这一论断同样遭到教授的极力否认。

目前被认为最有可能为真的 "疑似中本聪" 的是澳洲的金融极客 Craig Steven Wright，网称 CSW，或者叫 "澳本聪"。事件的起因是 2015 年 12 月，美国某知名杂志爆料 Wright 就是中本聪，当时他的主业是经营与好友成立的一家进行比特币挖矿的加密货币公司；同一天，另一个杂志声称黑客侵入了 Wright 的个人电脑，证实其与好友 Dvaid Kleiman 是比特币的联合发明人。短短几小时后，他们的公司就受到了澳洲税务部门的一次蹊跷调查。在此期间 Wright 一直保持沉默，但媒体通过分析其早年的学术研究成果和论文材料似乎愈加佐证了这一说法。

直到 2016 年 5 月，不堪骚扰的 Wright 在媒体上公开声明自己是中本聪并决定公开关键证据以正视听。而当业内人士翘首以盼时，仅仅四天后，他又发布了一封道歉公开信表明自己没有勇气公开相关证据。Wright 依靠此事件获得了大量拥护者，更是借机引领了 2018 年下旬的比特币现金分叉事件。

关于中本聪真实身份的无头公案至今悬而未决，但随着比特币和区块链技术的发展以及影响力的不断扩大，问题的答案已经并不是那么重要。中本聪的存在并无太多实质性意义而仅仅是一个虚化的图腾，他选择隐世恰恰也是区块链去中心化精神的象征。作为对这个世界的馈赠，比特币的精神已经在越来越多的区块链项目中得以继承与发扬，相信对于中本聪本人而言，相忘于江湖可能是最好的归宿。

3.3 V 神：最年轻的亿万富翁

　　如果说这个世界上有谁最能够担得起神童的称号，笔者会首选 1994 年出生的 Vitalik Buterin。作为以太坊项目的创始人，这个不修边幅的干瘦少年为世界贡献了一个天才的创意，同时也为自己在短短 3 年内带来了超过千亿美元的身家。

　　Vitalik 1994 年出生于俄罗斯的一个 IT 程序员家庭，4 岁时父亲送给他人生第一台计算机作为礼物，正是借助这台电脑，天才的与众不同开始显现，他开始热衷于应用微软系统的 excel 软件编写一些自动执行的程序。5 岁时父母离异，小 Vitalik 便随父亲移民加拿大，年少时智力超群、擅长数学心算等神童标配自无须赘述，他的天才更多表现在编程天赋上：7 岁时就创建了一个叫作"兔子百科全书"的复杂文档，在这个由小兔子组成的小世界中，整个世界的规则都通过非常严格的公式进行表达；12 岁时更是用 C＋＋语言为自己编写了多个简单的游戏程序。13 岁时他开始跟很多同龄人一样沉迷于暴雪公司的大型网络游戏《魔兽世界》，废寝忘食中转眼过去了 3 年，网瘾少年 Vitalik 用他的游戏角色术士在游戏的世界一路披荆斩棘，感受着虚拟世界的魅力。

　　直到有一天，暴雪公司在一次系统升级中移除了术士角色的一项天赋技能"生命虹吸"，年轻的 Vitalik 感到无法接受，因而通过邮件向暴雪公司多次提出抗议，但并没有引起重视，他意识到这是暴雪公司的中心化管理模式所必然导致的集权化作恶。作为游戏的开发方和管理者，游戏公司可以不问玩家意见

而随意修改游戏内容甚至直接关停服务器。痛失心爱技能的 Vitalik 决定放弃这款游戏以及花费了三年心血的角色，开始寻找一种打破这种中心化网络集权的方法。

不久后，17 岁的 Vitalik 从身为一家区块链孵化器联合创始人的父亲口中第一次听说了刚诞生两年的比特币，在对其背后的技术逻辑仔细了解后，对这种去中心化的技术深深着迷，他开始阅读比特币相关的技术资料并为《比特币周报》网站撰写文章，每篇稿费 5 比特币。这份兼职随着网站由于关注度过低关闭而停止，小 Vitalik 于是独力创办了一家名为《比特币杂志》的媒体，用以分享比特币相关的讯息和技术。

2013 年，刚刚进入加拿大滑铁卢大学的 Vitalik 继续狂热地研究区块链技术，但发现精力已经无法兼顾比特币研究与学业，一番权衡后，他决定辍学周游世界。接下来的一年中，Vitalik 走访了美国、西班牙、意大利、以色列等地的比特币开发者社群，与不同人的交流让他产生了一个大胆的设想：能否仿造比特币的去中心化逻辑，构建一个通用的应用开发平台而非支付平台，让所有开发者可以基于这个平台打造自己的区块链应用呢？

2013 年年末，19 岁的 Vitalik 将自己的想法写成了一份白皮书并发送给了15 位好友，本以为这份项目白皮书会存在不少漏洞，但事实却因其大胆的想象而"出乎意料"收到了好友们一致好评。这份白皮书更是在区块链开发者社区内进一步传播，众多优秀开发人员的志愿加入让 Vitalik 短时间内就筹建了一个能力出众的开发者社区，他决定通过 ICO 预售代币的方式募集资金，并将项目命名为以太坊。

以太坊项目最大的卖点在于智能合约与区块链的首次结合所带来的通用性与可塑性，ICO 募资大获成功，共计募到价值 1840 万美金的比特币。2015 年以太坊主网开发完成上线后，众多项目选择基于其上进行开发，以太坊热度一时无两，成为区块链应用第一平台，Vitalik 就此封神，人称 V 神。

以太坊平台的独创性吸引了大量项目入驻应用智能合约进行二次开发，在壮大整体生态的同时也埋下了一些隐患。海量的智能合约中难免出现程序漏洞，而这些漏洞在开放的区块链网络中极有可能成为黑客攻击的目标而造成经济损失。2016 年 6 月，以太坊上的一个明星项目 The DAO 在完成了 1.5 亿美元的众筹后被黑客利用合约漏洞盗取了价值 5000 万美元的以太币，此次被盗事件引发了人们对以太坊网络的信任危机，连带导致了以太币价格急剧下跌。

此时的 V 神面临着一个两难的抉择：是尊重区块链的不可篡改特性维持原状并承担损失进一步扩大的风险还是采取某些必要措施以避免影响扩大。风口浪尖上的 V 神选择了后者，6 月下旬，他宣布通过技术手段回滚以太坊交易数据至盗窃发生前。

由于区块链的去中心化特质，即使是创始人的 V 神也必须说服大部分记账节点支持才可以推进，面对这一违背区块链精神的决策，社区分裂为了支持者与反对者两派，这也最终导致了以太坊历史上发生的第一次硬分叉。分叉后反对者所坚持维护的以太坊原链成为如今的"以太坊经典"，而由 V 神带领团队更新了合约漏洞的版本则是现在的"以太坊"。

现实的复杂让 V 神不得不背离自己所极力维护的"去中心化"理念，而这次硬分叉也成为很多竞争项目攻击以太坊中心化严重的一个重要标志。绝对的去中心化往往与正义难画等号，抛开争议，拥有 V 神的以太坊可能才更加符合这个中心化世界的去中心化需求。

3.4 Fomo 3D：区块链博彩游戏

与圈内好友的聚会中往往绕不开讨论一个问题，区块链技术现阶段在哪个场景最为适用？讨论结果五花八门，但有一个答案基本已经成为圈内共识，那就是博彩。

赌博行为伴随着随机性及利益的转移，折射出人类心底的欲望，考古发现的最早赌具可以追溯到四万余年前，好赌的基因更是在一次次的自然选择中保留了下来并流传至今。

好赌的天性虽然能够帮助个体在纷繁复杂的自然竞争中存活，却有可能破坏群体的组织稳定，因而随着文明的演进，各大国、宗教、民族基本很早都设立了针对赌博的法律和道德约束。大部分文明针对赌博都并非完全禁止，而是加以适当的约束和控制，这就诞生了合法的博彩业。

博彩通过规则的制定将赌博行为由单纯的赌性发泄向娱乐化游戏转变，演变出了扑克、牌九、麻将、骰子、赌球、赌马、斗鸡、斗狗、彩票等不同形式。多种集娱乐性与不确定性于一体的博彩形式不仅可作为闲暇娱乐更有人以此为业，早年的博彩业虽然规则玩法多种多样，但往往需要依托某个集中的场所，如麻将馆、赌场。

空间上的确定可查使得博彩业必须接受当地政府管理，不同地域出于各自文化历史传统及经济发展需求，对于博彩业的管控手段不尽相同。目前国际上只有少部分国家或地区完全开放赌博，如美国的拉斯维加斯、中国澳门地区和东南亚一些小国，而更多的地区则仅仅开放彩票、体育竞猜等少量以娱乐为主的博彩形式。

90 年代互联网的兴起为博彩业带来了一次大的变革，互联网与传统博彩业结合诞生了网络博彩业，通过将现实世界的博彩游戏转移到互联网空间，参与者可以足不出户参与博彩，空间地域的限制就此打破，博彩游戏以更快的速度广泛传播。互联网为博彩业注入了新的活力，但也带来了一些新的问题，首当其冲的是如何监管。上文提到，各地区对博彩业的监管手段不尽相同，而网络博彩业的跨国属性使得很难明确界定其适用何处的法律，新游戏模式的不断涌现同样给法律的制定带来了难题。

监管的不力必然导致另一个问题：用户对平台的信任缺失。大多数的博彩游戏均为参与者下注预判骰子点数、比赛结果、扑克牌牌型、双色球的点数等随机性事件的结果，而在网络博彩过程中，这些随机性事件的过程与结果往往需要博彩庄家告知，庄家人为操纵和结果作弊的成本极低，更为严重的情况下网络博彩平台更是可能直接侵吞用户充值的下注资金或者非法盗用用户的注册信息。

从普通人的角度而言，绝大部分人并不反感博彩本身，而只是抵触作恶的庄家。如果有技术手段保证博彩过程的公正性，网络博彩业将会取得比如今更大的发展。区块链技术的出现使这一切成为可能，区块链网络的公开透明及匿名特性可以确保博彩过程的信息隐私及过程公开透明，而智能合约的应用则可以让博彩规则自动执行并保障资金安全。

对于一个新生信息技术而言，黄赌毒往往是最容易打开局面的应用场景。事实上，区块链世界也确实已经诞生了诸多博彩类游戏，用技术手段规避庄家作恶是区块链博彩的最大卖点。下面我们就来介绍一下 2018 年的一款现象级博彩区块链应用——Fomo 3D。

Fomo 3D 基于以太坊网络开发，不同于一些博彩类 ICO 项目的是，它并未发行代币募资，而是采用了以太坊网络的原生数字货币——以太币作为博彩价值标的，项目核心代码由开发者匿名发送至网络。游戏基于一个上限为 24 小时的倒计时设计，玩家支付以太币购买游戏中的道具 Key，Key 的价格随着购买次数的增多逐渐增长，每当 Key 被购买一次，倒计时时间增加 30 秒。当倒计时结束时游戏结束，游戏获利方式是包含了持有 Key 的分红、推荐奖金及最终大奖：游戏结束前最后一个 Key 的购买者可以得到所有人投入资金总量的 48％。简单粗暴的规则背后是对人性贪婪面的深度把控，开源的智能合约让玩家不用担心暗箱操作，最后接盘侠赢大奖的规则更是区别于一般的庞氏骗局。游戏开始短短一天时间就吸引了大量玩家参与，奖池资金更是达到了12000 个以太币，大约 3600 万人民币，之后很快又突破 20000 以太币，很多人预测这将是一场永远不会结束的庞氏骗局，但结果令所有人都始料未及，游戏在开始一个多月后结束了第一局，结束的方式同样相当戏剧化，某黑客利用恶意垃圾交易人为制造以太坊网络拥堵的方式取得了最后的大奖。

Fomo 3D 的游戏结束了，但围绕区块链博彩游戏的讨论和探索远远没有结束。

区块链诞生后很多人认为只要公开透明的执行约定代码就能够打造绝对的公平，但 Fomo 3D 的戏剧性结尾讽刺了这一想法。技术永远具有其边界性，每个貌似完美的技术手段都有着很多可能的漏洞，试图仅仅依靠技术手段对抗人性的贪婪最终往往难逃失败。如何协调好技术创新与人类理性和贪婪并存的人性之间的关系，在未来漫长的时间中，都将成为一个不断调和又不断冲破底线的探寻目标。

3.5 狗狗币：一个基于玩笑的空气币

区块链和比特币高举着互联网世界自由平权的旗号，技术改造世界的同时也将群体的疯魔与无知展现得淋漓尽致。今天我们要介绍的狗狗币，就是对这一群体性失智现象很好的诠释。

时间回到 2013 年，一只日本柴犬的形象凭借着其魔性的眼神及怪异的体态在美国最大的网络社区 Reddit 意外走红并蔓延至世界，诞生出大量的周边产品，如表情包、手游等，美国网友亲切地称呼其为"doge"，国内翻译为"神烦狗"。

当时的互联网世界，与神烦狗 doge 同期大热的还有诞生了四年的区块链加密货币。2013 年的加密货币市场刚刚迎来了一轮大牛市，比特币与众多山寨币在世界范围内大量炒客的推动下价格一路走高。

当时正在 Adobe 公司悉尼市场部工作的 Jackson Palmer 某一天百无聊赖，在推特上发布了一条消息："是时候投资狗狗币了，这将是一个大事件。"原本只是将两大热点话题结合开句玩笑，却意外赢得了很多支持与回复，小哥于是又顺手买下了一个狗狗币的域名并参照神烦狗照片设计了货币标志丢到了网上。

这一域名随后被 Reddit 的 Doge 板块收录，关注者纷纷留言，但此时的狗狗币依旧只是一句蕴含着稍许嘲讽的玩笑而已。与此同时，远在美国的波特兰，一名叫作 Billy Markus 的码农正在致力于研发一种更好玩更能吸引广泛人群参与的加密货币，当他在网络上看到狗狗币的设计时眼前一亮。短暂的联系后，两个都不太看得惯比特币的人一拍即合，决定让狗狗币真正上线。

开发的过程仅花费了 10 天的时间，事实上，狗狗币的代码基本全盘复制当时风头正劲的莱特币，可谓是个彻头彻尾的"空气币"。狗狗币出炉后，虽然没有像样的技术创新也没有正式的运营团队，但凭借神烦狗的热度和极低的价格在大牛市中依旧吸引了众多参与者，每天的交易量很快上亿，市值在短短两周内达到 800 万美元，成为当时世界第七大加密货币。

价格上的成功并没有打消两位创始人的玩笑心理，他们依旧没有把狗狗币当回事。从此后多次的网络发声可以看出，他们更希望人们从廉价的狗狗币中体验到加密货币的趣味性而非参与价格炒作。后续的项目发展同样如他们所愿，在 Reddit、推特等网站，狗狗币成为继比特币之后人们更愿意使用的打赏货币，动辄成千上万狗狗币的小费虽然价值不高却极富猎奇意味。

如果说狗狗币在打赏功能上的应用恰好迎合了欧美流行的小费文化，那么衍生出的慈善用途则进一步体现了狗狗币社区的友好。2014 年冬奥会，当看到牙买加雪橇队选手无力支付参赛费用时，狗狗币社区发起了一次狗狗币捐款，共计募得 3.6 万美金；之后社区又通过 Reddit 募资 3 万美金为肯尼亚建设了一口水井。

依靠频繁的打赏与捐款，早期的狗狗币社区充斥着友好而欢乐的氛围，但长时间的开发团队缺失及创始人的缺位使得狗狗币在技术层面可以说是毫无建树，而本应接管社区的矿工群体同样对这一廉价币种并不感冒，狗狗币只能依托莱特币矿工进行联合挖矿以维持产出。2014—2015 年狗狗币创始人多次公开宣布离开狗狗币社区以及早期志愿者的纷纷出走，一度大热的狗狗币社区迎来了寒冬。

事情在 2017 年年底开始起了新的变化，随着中国狗年的临近，大量中国散户在有心人的推波助澜下为讨彩头纷纷抢购狗狗币，集中的买盘让币价短时间上涨十余倍，这期间总市值最高突破了 100 亿美金。

如今的狗狗币已经完全脱离了其面向广泛受众的打造初衷而被少数大庄掌控了大部分筹码，据区块链网络上公开资料显示，狗狗币持有量前 100 个地址掌握了总量 60％的狗狗币，而比特币的这一比例仅有 19％。

现阶段的狗狗币社区已被大量价格投机客充斥，今年 9 月份更是出现了国内传销平台借狗狗币融资的事件，庄家利用编造的利好消息将狗狗币价格迅速拉升，吸引众多逐利的散户高位接盘后大量抛售筹码获利。如果两位创始人知道他们当初的一个玩笑之举能发展到至今的规模，更是在遥远的东方被众多不法分子利用，必然会惊讶且特别愤怒吧！

单就技术实力而言，毫无技术创新可言的狗狗币无疑是一个寿命惊人的空气币，但如果因此就认为其一文不值似乎又过于武断。

在以太坊出现以前，比特币与其衍生出的众多山寨币创立之初大都旨在支付应用却往往沦为交易所内价格炒作的标的。狗狗币的出现与大火作为加密货币世界的异类，凭借低廉而相对稳定的价格及自带流量的网络形象，在网络支付场景中被大量使用，早期更是建立起了主打小费打赏和慈善捐助的社区文化。如此看来，狗狗币的发展似乎更加接近支付类加密货币的初衷。

狗狗币的诞生与发展可谓加密货币世界的现象级事件，过去 5 年中围绕其所产生的争议与讨论似乎从未停止。区块链加密货币的价值源于共识，而技术在其中又占有怎样的比重？猎奇的故事还将延续，狗狗币这一看似不合逻辑的存在与其说是挑战了关于加密货币价值的现有理论，不如说更像是一次疯狂的群体性人性实验，让我们能够依托区块链加密货币技术更加看清楚这个世界的本来面貌。

3.6 比特大陆：北大学子的区块链创业路

说到国内区块链领域的风云人物，绝大多数人都会第一时间想到频繁上镜的"中国比特币首富"李笑来。我们今天并不准备再去介绍风头正劲的新东方李老师，而是来聊聊国内区块链世界的另一位低调的 80 后大佬以及他背后庞大的算力帝国。

故事的主角名叫吴忌寒，1986 年出生于重庆，2005 年考入北京大学经济学院，主攻心理学与经济学双学位。2009 年毕业后，凭借着北大学霸的身份顺理成章地进入投资行业任职，同年 1 月份，千里之外的中本聪挖出了比特币的创世区块。

2011 年 5 月，吴忌寒首度在网络上接触到了比特币，花费几天时间研究其技术后深受震撼，他决定向身边亲友募资，并将募资所得 10 万元全部购入比特币，此时比特币的价格约为 10 美分。在这场对于一个刚工作的年轻人来说"倾其所有"的投资后不久，吴忌寒又与好友长铗、老端创立国内首个比特币资讯交流平台巴比特，并翻译比特币相关外语资料，成为国内比特币最早的一批布道者。

随着比特币价格的一路飙升以及公众关注度的高涨，巴比特论坛已然成为国内区块链资讯最为权威的发布平台，而吴忌寒投资的 10 万元也很快达到了增值一百倍的"小目标"。但故事到此还远未结束，真正成就吴忌寒江湖地位的是他之后的选择。随着比特币挖矿行业军备竞赛的日渐白热化，挖矿硬件也逐渐由普通家用计算机的 CPU 和 GPU 向专业化进化，2012 年 8 月被币圈称为"烤猫"的蒋信予在深圳成立公司宣布制造效率更高的比特币专用 ASIC 矿机并开启线上募资，看到机会的吴忌寒辞去投行工作再次倾其所有购买了烤猫公司的虚拟股权正式加入挖矿大军。烤猫的研发大获成功，量产了世界上首款比特币专用 ASIC 矿机，标志着比特币挖矿由 PC 端分散作业向大矿主时代的转变。

两次高风险投资让吴忌寒在两年内实现了从一无所有到身家千万的转变，他决定自行创业，效法烤猫进行 ASIC 挖矿芯片的研发，年长十岁的清华技术大牛詹克团被其邀请作为技术合伙人。他们合伙成立比特大陆公司并许以研发团队高额股份，所幸这一次的技术研发同样取得了成功，2013 年 11 月 11 日，搭载自主研发的比特币 ASIC 芯片的蚂蚁矿机 S1 问世。

如果说初代机器的问世让比特大陆在 ASIC 矿机市场分得了一杯羹，那么 2015 年年初经过多次技术迭代诞生的蚂蚁矿机 S5 则奠定了比特大陆在挖矿市场的霸主地位。性能上的碾压性优势让当时的蚂蚁矿机占据了全球市场份额的 70%～80%，居于绝对垄断。站在行业巅峰的比特大陆不再局限于单纯的矿机研发与销售，而是将业务范围扩展到了大型矿场的建设，凭借着技术、资本等多方面的优势，比特大陆旗下蚂蚁矿池直接掌握了超过 30% 的比特币全网算力，吴忌寒本人也因此被称为"算力之王"。

掌握了大量比特币算力的比特大陆俨然成为比特币矿工的利益代表，在比特币扩容问题上矿工与核心开发者团队的意见分歧最终导致了 2017 年 8 月 1 日由比特大陆主导的比特币分叉事件。分叉直接诞生了一条稳定新链，链上区块大小扩展至 8M，新链上的资产称为比特币现金，小区块的比特币与分叉出的比特币现金各有大量的用户，比特币现金一经诞生就获得了仅次于比特币与以太坊的高市值。

2017 年加密货币的持续高热让比特大陆半年时间即获得了 10 亿美金纯利，风头正劲的两位创始人开始了跨界拓展之路，不仅在瑞士、新加坡、旧金山、以色列等地海外布点，更是引导公司在人工智能芯片领域发力，并于 2017 年 11 月发布了全球首款 TPU 计算芯片。吴忌寒与比特大陆俨然已经在区块链行业内称王。

万物盛极而衰，古人诚不欺我。2017 年年底到达顶峰的币圈在 2018 年异常惨淡，比特币价格的断崖式下挫以及一系列产品效果的不尽如人意让曾经黄牛热炒的蚂蚁矿机大量滞销，竞争对手嘉楠耘智近期发布的 7nm 新一代 ASIC 矿机更是让情况雪上加霜。

比特币现金已然占用了比特大陆的大量资金进行价格托底，近期热炒的比特币现金分叉事件又引来了币价的新一轮杀跌。2018 年年初即传出消息的币特大陆赴港上市的筹备在这一件件利空消息下愈发显得前路凶险。关于比特大陆的未来发展，坊间多有分析与猜测，在日趋明朗的政府监管下，向区块链实际应用、人工智能等领域的多元化转型似乎是一条另辟蹊径的生路，但对于这一与加密货币挖矿业深度绑定的庞然大物而言，根本上的转型可谓伤筋动骨，而早期股权分配模式所造就的内部意见不合让一切更加扑朔迷离。放眼"跌跌不休"的加密货币市场，期待行情的短期回暖似乎比指望各国政府放开监管更加痴人说梦，一代巨无霸的破局之路可谓艰辛异常。

面对外界的种种质疑，曾经的天之骄子吴忌寒仍然乐观，但戏谑的话语难掩背后的底气不足，一代枭雄的比特大陆走上下坡路已是不争的事实，后续是一蹶不振还是浴火重生依旧是个问号。

纵观吴忌寒的发家史，其成长历程不仅体现出这位北大学霸对机遇的敏锐把控与惊人的魄力，更是整个比特币时代发展的缩影。在超级英雄的故事中，跌宕起伏方能成就经典，一路高歌的吴忌寒与比特大陆能否挺过眼前这道难关成就真正的伟大，让我们拭目以待。

3.7 匿名币的前世今生

比特币诞生至今，凭借其支持点对点匿名转账的特性，被广泛应用于暗网交易、隐私保护等领域。在比特币网络中，每一次交易记录的双方是网络中的数字地址，每个数字地址的所有交易记录及余额均可公开查询。数字地址与持有人的现实中身份无须绑定，通过这种方式实现匿名交易。

但实际上，比特币的这种匿名机制并非牢不可破，在现实生活中，比特币网络上的数字地址一旦与实际持有人身份发生了关联，任何人都可以查看到该地址下的所有交易记录，历史上更是有人利用这一特性，为某些特殊源头的比特币赋予更多的权益价值造就了所谓的"染色币"。

抛开这种伪匿名机制，为了做到真正意义上的交易隐匿，区块链加密货币的世界又诞生了一大新门类——匿名币，作为一类通过应用技术手段消除数字地址与持有人现实身份的关联性实现交易过程中隐私保护的加密货币，各币种所采用的技术手段不同，匿名效果也各异，我们将一一介绍。

最早的匿名币诞生于 2014 年 1 月 18 日，最初名为暗黑币，2015 年 3 月更名为达世币。作为一种主打匿名支付的加密货币，除了与比特币类似的普通转账方式外，达世币还支持即时交易与匿名交易两种转账方式，两者均依托达世币主节点实现。

达世币的匿名交易采用货币混合技术，当交易发起方发起匿名交易时，其交易输入将拆解为标准金额发送给随机选定的主节点，主节点每一轮将三笔不同发起方的交易资金进行混合打散后输出从而实现匿名交易。交易发起方更是可以选择多轮混合，通过这种方式进一步提高交易被监视追踪的难度。

达世币作为第一种区块链加密货币，具有很多颠覆性意义，但同样存在一系列局限性：其每轮混币必须由三笔分解后的等额交易混合，如果混币数额不一致则只能等待，而大额交易往往需要多轮混合才能保证匿名。主节点的存在为达世币系统带来便利的同时同样容易成为政府机构或恶意攻击者的攻击和审查目标，存在从硬件层面突破交易匿名的可能。

紧随达世币之后又诞生了第二种匿名币——门罗币，不同于达世币的三种转账方式可选，门罗币默认所有转账均为匿名，通过环签名、隐匿地址、环隐匿交易的技术应用保障了发送方、接收方及交易金额的隐私。门罗币的支付过程去中心化程度高，匿名效果好，同时其不断更迭的抗 ASIC 算法可以有效防止算力过于集中导致的可能风险。

门罗币凭借社区的高度去中心化及稳健的技术底层在暗网、匿名转账等各灰色领域已经取得了较为广泛的应用，但同样也引来了一些质疑的声音：开发团队的分散化是优势也是劣势，表现在现实中则是门罗币历史上的多次分叉，频发的分叉对于吸引潜在的参与者并无好处，而门罗所主打的环形签名技术同样有可能引发潜在的双花攻击。

2016 年 10 月，大零币诞生，作为历史上唯一一种单价超越比特币的币种，其诞生之初一枚可以兑换三千余枚比特币。大零币之所以如此抢手，与它背后所采用的零知识证明匿名手段息息相关，这一技术被认为是最为有效的匿名方式，应用该技术证明者可以在不向验证者提供任何有用信息的情况下，使验证者相信某个结论的正确性。用更简单的例子说明：假设证明者需要证明自己手中掌握了一个计算器，而又不想直接展示，那么验证者可以随机提供几个复杂的数学计算，如果证明者均能够给出正确答案，则可认为其掌握计算器的说法为真。在大零币网络中，任何转账方均拥有透明地址和屏蔽地址双重数字身份，透明地址间的交易过程与比特币类似，而涉及屏蔽地址的转账交易则更加强调隐私性，屏蔽地址一方的地址信息及交易金额不在区块中显示，第三方无法通过公开渠道查询。屏蔽地址的发送与接收过程均需要用到零知识证明加密，在允许验证的前提下不泄露有效信息。

不同于强去中心化的门罗币，大零币项目由相对集中的公司制主体开发并运营，中心化的运营模式虽然招人诟病，但对于项目早期保障持续性开发与运作十分有利。与此前两大匿名币种相比，大零币匿名转账的灵活性及有效性均更胜一筹，因而诞生之初备受市场追捧，更是创下 200 万美元的区块链加密货币单价纪录，但好景不长，大零币价格急速冲高后大幅回落至几百美金并维持至今。

价格大涨大跌的背后不仅有资本力量的推动，更反映了市场预期与落地技术的现实差距。大零币的零知识证明算法虽然理论可行，但此前案例较少，实际应用中的验证时间与成本偏高同样制约了其匿名支付功能的大范围应用。客观来看，大零币在日常支付中的表现虽稍为逊色，但零知识证明对企业级应用具有较大的想象空间。

达世币、门罗币和大零币是匿名币的三大代表，除此之外，市场上还有 Verge、Zencash、Zcoin 等匿名币种同样拥有着较高关注度。

匿名币能够较好地解决比特币等币种所无法保证的交易隐私问题，但会面临各国政府更加激烈的监管政策，现已有日韩在内的多国政府针对匿名币交易出台了相关约束政策。匿名币未来想要取得更进一步的发展突破，政策合规是第一个拦路虎。如今还有一些初创匿名币项目致力于支持智能合约的匿名币研究，通过智能合约的应用将匿名币由单一的点对点支付场景向企业级隐私保护转变，这可能同样是匿名币项目一个未来可行的发展方向。

第 4 章　技术篇：不单单是技术的突破

4.1 人群的博弈：拜占庭将军问题

　　了解过区块链的朋友，应该多多少少都听说过拜占庭将军问题，却很少有人真正了解其实质，今天我们将用相对通俗的语言详解拜占庭将军问题的实质及其所派生出的一系列影响。

　　1982 年，图灵奖得主 Leslie Lamport 发表了一篇名为《拜占庭将军问题》的论文，通过故事的形式描述了分布式对等网络中存在的容错难题。

　　关于其论文中的故事，一个简易的非正式描述如下：

　　古老的拜占庭帝国想要进攻一个强大的敌人，为此派出了 10 支军队去包围这个敌人。这个敌人虽不比拜占庭帝国，但也足以抵御 5 支常规拜占庭军队的同时袭击。基于一些原因，这 10 支军队不能集合在一起单点突破，必须在分开的包围状态下同时攻击，任一支军队单独进攻都毫无胜算，除非有至少 6 支军队同时袭击才能攻下敌国。10 支军队分别由各自将军带领，分散在敌国的四周，依靠通信兵相互通信来协商进攻意向及进攻时间。困扰这些将军的问题是，他们不确定将军中是否有叛徒，叛徒可能擅自变更进攻意向或者进攻时间以破坏行动一致性。在这种状态下，拜占庭将军们能否建立一种分布式协议实现远程协商，从而赢取战斗？这就是拜占庭将军问题所主要研究的内容。

　　上述问题的核心在于忠诚的将军们如何让别的将军领会其真实意图并达成一致意见，而在此过程中，叛徒会采取任何可能的手段干扰正确共识的达成。

为了研究叛徒数量对结局的影响，Leslie 在论文中分别针对口头协议与书面协议两种不同的通信方式展开了深入探讨。

当将军之间选用口头方式进行信息传递时，消息内容完全由发送者掌控，消息不可溯源，叛徒完全可能发送虚假消息或对不同人发送不同的消息误导其他将军，研究发现口头协议下如果叛徒数量大于或者等于总数的三分之一，拜占庭将军问题将不可解。如果在口头协议基础上为每条消息加上发布者的签章并默认签章不可伪造且易于验证，这就形成了书面协议。将军之间采用附加签章的书面方式传递信息，一旦收到其他将军发送的书面协议则附上自己的意见与签章进行传递，通过这种方式可以突破对于叛徒占比的三分之一限制，但实际操作中依旧存在着签章不可信的风险。

不论是采用口头协议或书面协议，虽然存在理论上的解决方案，但实际操作中依旧面临一个尴尬的局面：如果任意将军均可以在任意时刻向其他所有将军发送信息提出自己的意见，考虑到将军之间物理隔离导致的通信延时，同一时刻不同将军手中收到的信息往往互不相同，即使不考虑叛徒存在想要在某一时刻得到一个协商一致的结果同样难度巨大。作为一个分布式的对等网络，将军们互不信任，也不存在一个可信的第三方可进行信息汇总，各将军只能依据收到的信息自行判断下一步动作，这种情况下要达成一致性正确共识几乎不可能。

Leslie 提出的问题困扰了计算机科学家数十年的时间，一直难以给出一个可操作的解决方案，直到 2009 年比特币的出现才真正解决了这一难题。

将拜占庭将军替换成一台台分布式的网络节点，信息传递的时间延时得以大幅降低，但如果让各节点自由发布消息，仍势必造成整个系统的信息混乱，难以达成最终一致。中本聪的解决方案是各节点通过运算同一数学问题进行工作量竞争，只有第一个完成者有资格发送消息，保障一段时间内仅有一个意见版本，并通过控制问题难度令每次发送消息的间隔控制在大约 10 分钟以应对可能的网络延时。同时应用非对称加密技术为传递的信息进行加密处理，保障信息隐私的同时实现不可篡改。比特币网络中各节点各自掌握一个与其他人同步的账本，账本上被一次记录均可验证身份，一旦有不一致可查验出处，即使有少量作恶节点存在，也不会影响一致性结果。

比特币的工作量证明机制提出了目前拜占庭将军问题的最优解决方案，但常常因为无意义的工作量竞争造成巨大的能源浪费而被人诟病，这也促使人们探究更多更加优化的拜占庭将军问题解决方案，如之后的 POS 及 DPOS 共识机制等。

上述所有讨论中均默认通信兵不会作假或被截获，即信息通道安全。但实际情况中信息通道完全有可能因为种种原因而影响结果可靠性，这就涉及另一个著名的通讯学概念：两军问题。

两军问题的表述同样简单：A 军驻扎在沟渠里，B 军分散在沟渠两边。A 军比沟渠任何一边 B 军都要强大，但是两侧 B 军若能同时进攻则能够打败 A 军。分布在沟渠两侧的 B 军不能够远程沟通，只能通过派遣通信兵穿过渠道去通知对方 B 军协商进攻时间，而通信兵存在被抓获和叛变的可能。在这种情况下是否存在一个能使 B 军必胜的通信协议，这就是两军问题所要探究的实质。

与拜占庭将军问题不同的是，两军问题所讨论的核心并非信息源头的不确定性，而是信息通道的安全性问题。两个形象的故事背后是互联网通信过程中的实质困局，如果将两个问题同时考虑，局面将过于复杂而不可解。在现实的分布式网络系统中，通常将两军问题与拜占庭将军问题拆解处理，首先采用互联网底层的 TCP 底层协定从概率上保障信息通道安全，然后在默认信道可靠的前提下单独讨论可能的节点作恶。

拜占庭将军问题的实质是分布式信息节点最终达成一致性的正确共识，"一致性"和"正确性"是两个关键词。这一问题可以进一步推广，令决策内容不局限于"是或非"的二元性选择，可以支持更加多元化的共识场景，从而为能源管理、分布式存储等现实中分布式系统的搭建提供理论指引。

4.2 详解非对称加密

　　区块链并不是一项全新的技术，而是一系列原有基础技术组合成的综合性系统。在这些基础技术中，密码学原理是区块链整体架构的基础，今天我们就来聊聊区块链系统中所用到的密码学。

　　密码学的历史可谓悠久，最早可以追溯到公元前 17 世纪的巴比伦时代，人们依赖密码学手段以保障社会生活中信息传递环节的渠道安全与隐私。早期的密码学应用大多古老而简便，不论是中国古代武侠世界的江湖切口还是福尔摩斯探案集中的跳舞小人图案，虽然加密手段各异、信息内容天差地别，但均拥有一些共同的特征：原始的信息以文字方式存在，信息传递双方按照约定的规则对文字进行加解密，整个过程基本依靠手工，所采用的规则原理通常是针对文字的替代与换位。这种手工的加密方式操作简便但存在一个致命弱点——加密安全性低，手工的操作方式制约了加密的复杂程度，文字替代与换位的逻辑也容易被统计分析学手段硬性破解。

　　随着工业革命的兴起，密码学进入了电子时代，电子密码器的出现不仅支持更加复杂的加密手段，同时也拥有更高的加解密效率，被广泛运用于战争期间的保密通讯。这一阶段的密码学虽然在加密设备层面有了很大进步，但其原理并没有本质改变，依旧是对于文字信息的替代与换位。密码学发展的上述两个阶段合称古典密码学阶段，替代加密和换位加密手段作为明文与密文之间的桥梁，不仅运用于加密阶段，同样在解密过程中发挥作用，加解密采用同一种手段虽然较为便捷但也令泄密风险增加，信息传递双方往往需要通过其他渠道就使用的加解密方式达成进一步共识。

加密与解密手段的博弈竞争促进了双方技术的不断提升，古典密码学技术在二战时期达到了顶峰，德国发明了一种命名为"谜"的密码机，可以生成220 亿种可能组合。面对这一人力无法完成的解密需求，英国政府启用了现代计算机科学的奠基人 Alan Mathison Turing，后者针对"谜"型机短时间开发出了相应的破解机器，这也被认为是最早的计算机。

更加高效的硬件让短时间内高度复杂的运算成为可能，密码学也逐渐由语言学家和人文学者为研究主力的早期状态演变为数学家和科学家的主战场。计算机尤其是早期通信网络的出现让加密信息的载体由字符变为了计算机更好识别的信息包，这一变革不仅让信息表达的方式更加多元化，同样标志着现代密码学的诞生。这一时期的密码学已然在信息载体、加密逻辑等领域得到了长足的发展，但加密与解密过程依旧应用同一种手段，信息传输双方仍然面临着通过何种渠道达成规则共识的窘境，这类加密方式统称对称加密。

1976 年，一篇名为《密码学新方向》的论文掀起了密码学世界的一场革命，论文中首度提出了公开密钥密码的新思想，即在加密端和解密端分别采用不同的密钥进行加解密，又称非对称加密。第二年，美国三位科学家联合基于这一理念提出了世界上第一种实用的非对称加密算法——RSA 算法，非对称加密理念的提出彻底解决了对称加密中可能出现的通信安全问题，让完全基于网络的加密通讯成为可能。

对称加密的思想天然符合直观想象，相对而言加解密采用不同方式的非对称加密则并不那么好理解，我们可以尝试用一个比喻来说明：如果张三要向李四发快递又不愿内容被人窥探，于是决定用密码保险箱来装载快递物品，李四收到保险箱后想要打开必须知道密码，这串密码当然不能与保险箱同时快递而只能通过其他渠道传递，如电话或者口头方式。这就是对称加密的整个过程，整个过程中加密的安全与否直接取决于密码的传递渠道是否安全。

在上述例子中，如果限定张三与李四只能通过快递进行沟通，那么窥探者只要监测李四的快递接收即可得到密码从而破解保险箱，安全性毫无保障。非对称加密的出现破解了这一僵局，在非对称加密系统中，信息传递各方均有两个密钥：公钥对外公开让所有对其发送信息者进行信息加密，与公钥相对应的私钥则用于自身收到信息的解密。对应到上述例子中，私钥就好像张三与李四各自掌握的保险箱密码，相应的公钥则对应保险箱。与对称加密过程不同的是，非对称加密系统中每个人都掌握对方打开的空保险箱及自己的保险箱密码，后续发快递的过程中只要将物品放置于对方的保险箱中寄出即可，而无须任何形式传送密码。

非对称加密的提出是密码学历史上的里程碑性事件，也是密码学技术由军用转向大规模民用的转折点。如今的非对称加密技术在互联网底层协议、银行加密、通讯业协议等领域发挥着重要的基石作用，新兴的区块链技术更是高度依赖非对称加密算法以实现数字资产的确权与点对点转移。

非对称加密算法虽然降低了加密规则泄露的风险，但同样并非无懈可击。如今常用的非对称加密算法通常依靠数学上的大质数，理论上完全可能被破解，只是采用如今的计算机硬件破解所耗费的时间成本极长，从而近似认为算法安全。但量子计算机、生物计算机等新型结构计算机的出现从根本上改变了如今的冯诺依曼计算机结构，理论上仅需极短时间即可攻破本来需要上千亿年方能破解的加密算法。在加密与解密技术的竞争迭代过程中，非对称加密必然不是技术发展的终点，未来的量子加密等技术将用更加高效的方式保障信息的隐私与安全。

4.3 共识机制：区块链的基石

翻开任何一本区块链相关的书籍，必然会看到一个关键词——共识机制。我们今天就来聊聊到底什么是共识机制，以及它在区块链系统中发挥着怎样的作用。

要理解共识机制，首先需要明白什么是共识。我们生活在一个多元化的世界，不存在一模一样的两片树叶，也没有完全相同的两个人。所谓共识，就是一群具有各方面差异性的人在某方面达成了一致意见，并将其上升为共同遵守的规则。

人类文明的发展与繁荣离不开社会群体内个体间的分工协作，而如何分工、如何决策、如何分配成果并奖惩，则全都仰赖一个公认的的规则，或者叫共识。所谓共识机制指的是一个群体用以达成并维护共识的方式，共识机制往往决定着群体的组织形式。人类文明的早期阶段，武力是各群体建立和维护共识规则的主要方式，人类依托武力建立了部落、国家等中心化管理权威，制定了中心化的管理规则并惩罚不接受规则的个体。

当然，随着文明的发展与演进，我们开始制定法律、设计选举、引入协商与仲裁机制，这成了公司、协会、政府、学校等社会团体达成与维系共识的方式，但这一切文明做法的背后依旧仰赖庞大的国家暴力机器支撑。人类文明选择通过武力建立中心化权威以构建与维护群体共识，不仅因为在文明早期这一方式最为快捷，更由于依靠中心化权威的管理方式更加高效和稳固。然而，中心化并非唯一可行的方案，只要我们能够提出一种同样安全稳固便捷而无须依托中心化权威的共识机制，同样可以建立一套与之相对应的全新组织形式。

区块链技术的出现恰恰提供了这样的选择，只不过这套去中心化逻辑所依托的并非现实世界而是相对轻量化的网络环境。共识机制作用的对象也不是个人而是一台台所属权各异的计算机，通过区块链共识机制的应用，可将分散在世界各处的计算机集合至一个统一的网络实现大规模的机器协作，下面我们将从技术的角度对区块链的共识机制进行详细拆解。

区块链作为一种点对点的协作网络，其原理是各节点均掌握一个独立的账本，通过保持账本同步来实现共同记账，而在没有一个中心进行指挥和协调同时网络状态复杂多变的情况下，如何保证空间上完全分散的各节点账本能够完全相同，这就要用到区块链的共识机制了。

以比特币为例，我们尝试来讨论一个典型的区块链系统的账本记账过程，其公共账本上记录着比特币网络中每时每刻都在发生的转账交易，但这些转账信息并非即刻被写入账本，而是每隔一段时间进行一次统一记账。每次记账会在账本上新生成一个区块，区块中不仅记录了若干条转账记录，还包含了诞生时间、上一个区块摘要等内容，通过这种方式，账本上各个区块间可依照时间顺序形成链状结构。

之所以选择这种区块式的记账方式而非所有节点即时记录所有信息，是由于在整个去中心化的系统中，考虑到不同节点间网络状态及空间位置的差异，无法做到数据完全同步，通过结构化数据包的方式可以保证各节点记录结果的正确性。

而对于每一个新生的区块，基于几乎同样的原因，各节点分别记录的方法并不足以保障账本的唯一性。针对这一问题，区块链网络中所选择的应对方法是采取某种可自动执行的竞争手段选中一个唯一节点。首先打包数据生成区块并记录到自身账本，然后由这个被选中的节点将新产生的区块数据通过互联网通知其他节点，其他节点在收到信息并验证区块无误后，同步记录在自己的账本上，以上就是一次完整的去中心化的分布式记账过程。

共识机制在这个过程中重点解决两个问题：一是完全对等的节点之间如何竞争记账权，区块链技术发展至今，已经有多种竞争记账权的办法，我们稍后详细介绍。第二个可能情况是在实际操作中，由于网络延时等原因，偶尔会出现两个节点均认为自己获得了记账权而去打包区块并通知其他节点，其他节点会将首先收到的通知记录下来而忽略另一个，考虑到两次通知时间间隔较短，必然会造成所有节点账本的写入不一致。对于这种情况，区块链网络的解决办法是暂时性接受这种链条分叉的状态，以后续若干区块打包节点的记录为准。这种保留最长链的方式能够保证在复杂网络环境下多节点依然能够记录一个权威的账本。

现存独立的区块链网络有上百条，所用的共识机制大同小异，主要区别体现在上文的所述竞争记账方法，因而我们也常常用竞争记账的方式来命名不同的区块链共识机制。最为常见的有 POW、POS、DPOS 等。

POW（工作量证明）被比特币、以太坊等很多币种采用，其竞争记账逻辑是各个节点竞争计算一个随机数，要得到这个随机数，必须经过一定的工作量。这一方法简单粗暴却极为有效，但常常因为耗费能源、易节点集中而被诟病。

POS（权益证明）则是通过节点持有代币的数量乘以持有时间分配记账权益，记账权益越高获得记账权概率越大。这种竞争方法的实现对于技术要求较高，且容易成为富翁节点的游戏。

DPOS（股份授权证明）共识机制的竞争记账逻辑类似于人民代表大会制度，代币持有者拥有相应额度的投票权，投票选出的节点拥有轮流记账权。采用 DPOS 的区块链项目最为著名的是 EOS，这一共识机制最显著优势在于效率极高同时更加符合目前人们的接受习惯，但劣势同样明显，主要体现在中心化程度最高，很多人认为其违背了区块链的初衷。

区块链网络的实质目标在于让去中心化网络系统中各节点协同合作维护共同账本，共识机制的存在从技术层面解决了可行性问题，但在实际应用中，如何让节点主动参与记账同样关键。下一篇文章将重点介绍区块链中的激励机制，共识机制与激励机制搭配可以共同维持区块链网络的稳定有序运行。

4.4 节点激励逻辑：大道至简

我们介绍了很多有关区块链的概念，也知道区块链是由一系列技术和逻辑集合而成的有机体，那么其最有价值的特质是什么？或者说，是什么关键技术特征令它拥有今天的热度与地位呢？有人说是去中心化，也有人认为是加密的分布式记账技术，而最为常见的说法是区块链技术中最具有价值和技术辨识度的是节点激励机制。

区块链的节点激励与共识机制有着密不可分的关系，二者配合才能保障分布式系统的稳定与持续。此前介绍过共识机制是通过密码学手段维护整个区块链网络的节点共识，保障各节点记账数据的统一，其实质在于告知系统各节点"如何做"，没有共识机制，分布式系统无法建成。但如果仅有共识机制，系统同样面临另一个更加现实的问题：各节点出于什么目的去做？要求所有节点无私奉献既不符合经济学同样挑战人性，如果不能解决节点动机问题，区块链的分布式系统同样无法长久续存。为了解决这一问题，公有区块链系统中设计了相应的节点激励逻辑，通过应用加密货币激励手段对节点行为进行奖励和惩罚。

如果将共识机制类比成一个公司的组织架构，那么激励逻辑就是公司的薪酬体系，组织架构的设计是公司建立的基本条件，而合理的薪酬体系让公司能够长期良性运转，也是公司对外的一大竞争力。

比特币作为区块链世界的第一个应用，同样也是区块链节点激励逻辑的首创和集大成者。如今的比特币不仅拥有上千亿元的总市值，同时也是记账节点数量和分布式属性最强的区块链网络。分布在全世界的海量矿机为比特币网络提供稳定运行的硬件基础，这些矿机的所有者之所以愿意耗费硬件成本与电费参与记账，其唯一动力就在于获取相应节点激励。在比特币网络中也就是节点激励同样以比特币的形式给予，矿机所有人在得到相应的比特币激励后可以选择换取法币等多种方式获取现实收益。

作为一个不支持智能合约的简单记账系统，整个比特币网络上只可以进行比特币转账信息的记录。每一笔转账中，转账发起人除了需要扣除转账金额之外，还需要支付小额的比特币作为该笔转账手续费，这笔手续费的归属我们后面再说。考虑到成本及账本同步需求，比特币网络并不会对每一次的交易都进行单独记录，而是每隔大约十分钟的时间将尚未记录的转账打包成一个区块，由某个通过共识机制选定的幸运节点记录在自己的账本上并公告全网。在系统规则的要求下，其他节点必须将公告内容的更新也记录在自己的账本上。

看到这里，很多朋友都会提出两个疑问：大家转账的比特币是如何产生的？这些参与记账的节点又是如何才能得到激励呢？在中本聪的设计中，这两个问题的答案全都存在于上述新区块挖掘的过程中。作为一个在共识机制中脱颖而出的赢家，这个幸运的节点在承担打包并公告新区块重任的同时，可以得到两笔比特币奖励：一笔是整个区块中打包所有转账记录的手续费，另一笔则是由系统奖励的若干比特币。第一笔的转账手续费只是比特币系统中的价值转移，第二笔系统奖励的比特币部分则是完全由系统凭空创造并给予每个区块的打包节点，这也是比特币的唯一发行过程。作为一个完全去中心化的系统，比特币的发行不依靠任何中心化机构或者个人，所有的比特币用上述方式逐渐释放给区块打包节点。同时为了防止通货膨胀，中本聪为比特币系统设计了一套总量恒定的货币发行机制：在比特币网络开始运行时，每个新生区块对应的奖励是 50 个比特币，该数量每过约 4 年减半，经过简单计算我们可以算出比特币数量的理论总上限是 2100 万个。考虑到每年都有很多比特币的持有者丢失自己的持有凭证，比特币的经济学模型实际是通货紧缩的。

在激励机制的推动下，记账节点有了最为原始的动力来继续为比特币网络服务，随着比特币价值的升高，也有越来越多的人愿意投入硬件加入比特币挖矿大军。当参与者越来越多，而每十分钟只有一个矿机能够获得奖励，对于单个矿机来说，挖矿获得收益已经成为彩票中奖一样的小概率事件。如何能够让单个矿机获得较为稳定的收益呢？聪明的比特币玩家们创造出了矿池的概念，其可以简单理解成一个矿机组成的集群。个体矿机加入矿池即可与矿池其他成员共同挖矿，一旦获得收益则根据各矿机所贡献的运算能力进行分配，整个过程类似于合买彩票。通过这种方式，矿机能够得到较为稳定的比特币收益，而比特币网络有了这些专用的矿机支撑也能保证更高的去中心化和安全性。

比特币的激励规则不仅可以奖励诚实记账的矿工，还可以防范恶意节点。作为一个分布式的系统，尤其是比特币这种无准入制的区块链网络，机器故障或者人为攻击都有可能造成某些节点试图篡改转账数据或者记录虚假转账，而这些恶意节点的记录得不到其他诚实矿工的承认同时也丧失了获得奖励的机会。当诚实有利可图而作恶成本远高于收益时，理性的做法是依旧保持诚实。

抛开节点激励，区块链与传统 P2P 网络有颇多共通之处，在区块链诞生前的很多 P2P 网络项目就已经应用了节点贡献的概念，如 BT 的共享下载及 NASA 的寻找外星人计划，但这些项目往往由于没有明确的激励机制只能依靠参与者的道德或者"信仰"而最终很难延续。区块链网络的节点激励机制看似简单实则精妙无比，其背后是对人性和经济学的精确把控，所谓大道至简莫过于此。值得一提的是，区块链的节点激励机制在比特币等公有链网络中必不可少，在联盟链与私有链系统中却并非必需，主要原因在于这类具有节点准入机制的分布式网络中各节点天然具有记账动力而无须额外激励。

4.5 代码即法律：乌托邦或是未来

代码即法律（Code is law），可谓是区块链世界的第一准则，业内人士将这句话奉为圭臬，仿佛找到了浊世中的一缕清流、救赎人间的圣典，区块链技术也被提升到了能够拯救人类文明的高度，但现实真的如此美好吗？

所谓"代码即法律"，顾名思义就是依托信息技术的发展，用代码的形式来呈现规则并通过程序保障规则的执行，从而在数字世界用技术规则取代现行法律法规，形成数字世界的自我治理。这一概念并非区块链原创，早在 20 世纪 90 年代现代互联网诞生之初就已经有人提出了这个令人振奋的口号，但现实抽了所有人一记耳光。诞生之初被赋予保障人类自由职责的互联网已经沦为巨头垄断和集权控制的土壤，互联网世界的种种技术手段加剧了个人自由与隐私的被侵犯，其规则更是成为中心化权威手中的玩具。而今，高举去中心化大旗的区块链试图重拾这一古老的信仰，是否会最终陷入同样的境地？

从区块链诞生之初说起，此时的区块链还是程序员的天下，"代码即法律"口号的提出主要源于程序员们的技术信仰，在他们眼中，代码与其说是法律，不如称其为"圣经"，订立好的代码规则地位不亚于宗教经典。他们坚信代码神圣不可侵犯也不可修改，通过代码自动运行所产生的所有机器行为和结果具有天然正义性。这种论调虽然颇为吸引眼球，但过于刻板僵化，当遇到代码漏洞、黑客攻击或者代码未定义等新情况时往往很难自圆其说。

事实上，在这些原教旨主义者眼中，哪怕是利用规则漏洞进行了某些明显违背现实世界法则的行为也不应受到惩罚，典型的程序正义大于结果正义，颇有点中世纪教廷卫道士高呼异教徒去死的意味。而区块链技术发展至今，由于代码漏洞、黑客攻击、代码设计缺陷等原因已经出现了很多负面事件，从比特币的硬分叉之争到以太坊 The DAO 智能合约漏洞再到 EOS 频发的黑客袭击，完全固化代码治理的世界好像并没有那么美好与完备，诸多现实问题的出现逐渐催生出对这一口号的不同诠释。

过度迷信代码的神圣与不可修正性在实用中显得过于理想化，一些社会学家和法律研究者从现实世界法律的角度提出了一种新的解读：既然现实世界中的法律是会随着社会文化环境的变化而修改和完善，区块链世界的规则同样也应该经历逐步的迭代升级，对于代码漏洞造成的损失，适当人工手段的介入是完全正义而必要的。同时在实际操作中，作为一个分布式的系统，区块链世界的规则修改需要得到大多数成员的认可而非某个中心化权威机构的意志体现，这也进一步提高了每次完善的正义性。

持这种观点的人我们可以称呼为修正派，这种治理逻辑的代表项目就是采用 DPOS 共识机制的 EOS，通过设立仲裁委员会等方式维护区块链世界的结果正义。修正派的理念似乎更加符合客观实际，但也遭到一些反对的声音，反对派主要担忧区块链世界引入人治会造成新的区块链霸权，这一做法会令区块链的世界像互联网一样沦陷，从而毁了这项主打去中心化的技术。

除了原教旨主义与修正主义外，还有一些人对于"代码即法律"的口号持全盘否定态度。他们认为代码从诞生之初就不具有中立性，更不用说天然正义性了。代码规则所体现的只不过是设计者的善恶好恶，不管中途是否修改，区块链代码规则仅仅只是现实世界社会准则、道德约束等对代码设计者所产生片面影响的网络化映射，很难形成完备的闭环，不可以称为法律。

反对派们虽然反对"代码即法律"的口号，但是看好区块链技术的未来，他们认为虽然无论在现实世界还是虚拟世界，绝对的公平正义不可能实现，资本和公权力有上万种办法间接影响虚拟世界，但公开透明的区块链网络创造了一个契机，让民众能够选择用脚投票。通过代码的开源，让参与者可以事先了解某个区块链网络的规则从而自主选择是否加入，加入则代表接受了相应的规则。这种逻辑虽然乍看起来有点类似于传统互联网世界的霸王条款，但与非开源的互联网项目不同的是，开源的代码不仅意味着大家可以事先知情，更是将技术开发壁垒降到了最低，使得任何人都可以基于开源代码修改并发行符合自己需求的代码规则。在开源的区块链世界，依靠技术进行垄断将不再可行，只可以通过优秀的代码规则吸引更多参与者，这种对规则设计者的正反馈激励有望在区块链世界打造更加良性的竞争环境。

"代码即法律"的愿景现阶段还是个乌托邦式的概念，面对互联网和区块链世界出现的种种问题，目前还没有完美的解决方案。但我们也无须沮丧，个体的智慧有其穷尽，但群体的创造性无限，时间将会指明未来的路。

4.6 区块链会被证伪或攻破吗

区块链技术近几年大热，被称为信任的机器、下一代互联网、工业 4.0 的重要组成部分。然而，随着近几年量子计算机技术的发展，很多人开始产生一个技术层面的担忧：加密算法是区块链系统的数学基础，那有没有可能随着解密技术的进步，区块链技术被证伪或者攻破呢？

单就技术而言，要做到这一点虽然难度很大但也并非妄想。各种密码学算法是区块链世界各项目背后的基础，比特币网络中就分别应用了 SHA256 哈希算法与椭圆加密曲线算法进行系统设计，而几乎所有现有的密码学算法都有同样的缺陷：其加密安全性都没有严格的数学证明，理论上并非无法破解。它们的应用基础在于暴力破解所需要的运算量极大，以至于现阶段计算机的运算能力完全不足以进行这种海量计算。但随着技术进步，尤其是量子计算机、生物计算机等新型计算机硬件的出现，计算机的运算能力可能发生指数型增长，此前难以破解的加密算法此时可能只需要很短时间即被攻破。一旦某个加密算法被攻破，基于这种加密算法设计的区块链项目也就不再具有不可篡改、机器信任等属性，链式结构从根本上被瓦解，说是被破解也不为过。

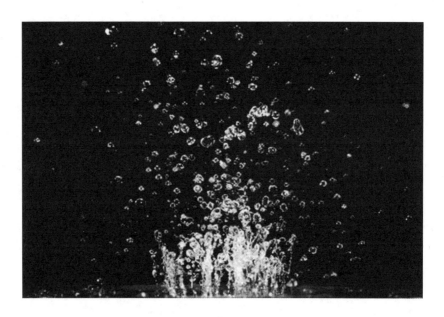

静态地看单个区块链项目，其在技术冲击下必然存在被破解的可能，但若我们放眼区块链技术这个整体，答案则并不如此明确。区块链技术的去中心化特性决定了当系统性危机发生，可以采用更加灵活的应对方式，最为直接的方式就是此前介绍过的硬分叉。例如，当比特币的椭圆加密曲线算法某一天被强制破解时，社区完全可以硬分叉出另一个采用其他尚未被破解算法的分叉币继承衣钵，这类分叉在如今的区块链世界同样并不鲜见。即使由于一些其他的未知因素，现存所有的加密算法均告破解，私以为依旧不用过于担心。人类历史已经无数次地向我们证明，需求是科技发展的第一驱动力，只要人类依然有加密价值传输的需求，就一定会有新的技术手段产生填补这一暂时空白的"生态位"，在这场加密算法与解密技术的军备竞赛中，只存在暂时的领先，而没有一劳永逸的赢家。引用侏罗纪公园中的一句台词："Life will find a way"——万物自有其出路。

对于上述说法可能会有人觉得过于唯心，蒸汽机车的出现替代了马车，电力革命让煤油灯走进了博物馆，人类历史上同样有很多技术进步使得行业凋亡的例子，区块链技术又凭什么能够在技术爆炸的未来世界永远保持活力？立足当下预判未来技术的发展往往难以取得确定性结论，我们暂且抛开技术层面讨论一些更加抽象的问题。蒸汽机车确实替代了马车，但交通运输行业并没有就此消失，煤油灯的被取代却让夜晚愈发明亮，只要需求依然存在，每一次的技术更迭对旧有技术而言与其说是被淘汰不如说是进化和完善。

我们在讨论一项技术的未来发展时更多应该关心其现阶段所解决的需求在可预见的未来是否依旧存在。区块链技术作为一场生产关系革命的引领者，对这个世界所带来的变化是全方位且不可逆的，新的组织架构、新的行业、新的业态、新的思维方式随之诞生。这些由区块链技术衍生出的新造物拥有独立的生命周期，它们现阶段依托区块链技术而存在，但其内生需求并不受到技术更迭的制约，即使某一天出现另一种技术颠覆或取代了区块链，也更像是技术的进化而非区块链技术的失败。

我们正处在第四次工业革命的变革期间，人工智能、物联网、大数据、区块链等新兴技术冲击着我们对世界的固有认知，虽然应用方向不同，但这些技术概念均具有一个共同的目标：自动化。人工智能与物联网旨在实现工业制造自动化，大数据技术可助力实现数据流动自动化，区块链在其中则起到一个纽带与桥梁的作用，通过应用区块链技术消除信息孤岛、解决信任危机，可以更低成本地构建更大范围的协作网络和自动化的经济运行。

上述整体目标的达成是一个漫长的过程，目前各类新兴技术的应用均处于早期探索阶段，从人工智能人脸识别到物联网智慧家居，从基于大数据的精确用户画像到区块链金融供应链管理，技术的一步步探索迭代是时代进步的助推剂，时代进步所带来的机遇与思想又从各方面推动技术的革新。到底是英雄造就了时势，还是时势成就了英雄，无须太过纠结。区块链技术本身终有一天会被替代，但其所提出的分布式协作方式及对世界带来的新变化必将在未来成为主流。

第 5 章 投资篇：区块链投资江湖

5.1 区块链投资简介

区块链从诞生之初就与金融息息相关，第一个区块链技术落地应用比特币旗帜鲜明地提出了去中心化电子货币的概念，矛头直指美元霸权。十年过去了，比特币的愿景似乎并没有实现，我们没有看到比特币在支付中的大规模应用，而更多是在交易所的价格炒作和矿工与开发者的利益争端中出现。信仰者们认为这只是发展中的必经过程，比特币的未来依旧一片光明；保守派则据此给去中心化货币判了死刑。但不论看好或是看衰者都必须承认，比特币等加密货币确实给金融世界带来了不小的影响。

2014 年，以太坊的出现开启了区块链 2.0 时代，以智能合约为代表的新概念融入让区块链技术的应用潜能获得各方关注，各类项目打着区块链赋能实体、实体项目通证化改造的旗号粉墨登场，其中的确有部分应用取得了小范围的成功，但不可否认的是，真正让区块链三个字在短短十年内被大众所知的，绝不是晦涩的技术术语，而是众多加密货币价格涨跌背后的价格投机机会。比特币 8 年 800 万倍的价格涨幅、ICO 的一夜暴富，无不触动着公众的神经，今天我们就来聊聊区块链金融投资。

区块链投资可以简单地分为两类：一类是加密货币投资，一类是对区块链技术公司的股权投资。后者普通大众少有接触，我们重点看看加密货币部分。

所谓加密货币，主要指公有链项目中用于价值激励或资产登记的标的物，其主要特征是可以在区块链网络上点对点自由流转，而无须受到国家边界、现实中身份等条件的约束。参考传统证券市场的划分规则，我们也可以将加密货币投资划分为零级市场、一级市场、二级市场和金融衍生品市场。

零级市场通常指的是加密货币的发行市场，投资者通过加入区块链网络记账或参与生态建设获得加密货币的经济激励，也就是我们通常所说的挖矿。早期的挖矿只是用以指代投资者投入计算机硬件参与记账获得加密货币节点激励的行为，后期很多应用型区块链项目将用户共享资源、提供数据等行为也纳入了经济激励的范畴，创造出更加广义的挖矿概念。

如果说零级市场是区块链生态的基石，那么一级市场就是一个区块链项目的经济基础。一级市场是新生公有链项目开发前的团队募资过程，开发团队面向投资机构和公众公开募集项目开发资金并回报项目中的新生加密货币作为交换，这一过程包含了仅针对投资机构的基石轮、私募轮及面向大众的 ICO 轮，整体类似公司的股权融资及 IPO，但加密货币与股权又具有本质的不同。加密货币一级市场投资目前最大的风险在于各国监管政策及加密货币所对应权益背后法律支撑的缺失，弱肉强食的丛林法则下诈骗项目横行，少数人一夜暴富的同时是更多人的血本无归。

二级市场是参与人数最多也是加密货币真正价值回归的市场。现存 3000 多种加密货币的投资者通过点对点场外交易、场内交易所等渠道，将各种加密货币和法定货币等其他价值标的对等交易。投资交易过程类似于传统的股票交易，通过大量投资者之间的交易竞价可以体现投资者对某个加密货币的价格预期，从而可以逆向评估其背后区块链项目的价值。基于二级市场的大量交易，一些金融机构设计了一系列加密货币金融衍生品，如交易基金、交易票据、期货合约、杠杆交易等，金融衍生品的出现也是加密货币投资市场逐渐成熟和合规的标志。

任何投资最重要的就是风险评估，加密货币投资也不例外，现阶段的加密货币投资具有三大特征：高风险、高回报、高波动。市场的不成熟既是机遇也是挑战，想要在这样的投资乱世称雄，首先要对常见的风险点有所了解。下面我们来历数加密货币投资的几大陷阱。

零级市场常见陷阱主要在于假借矿机挖矿概念的传销项目，国内目前这类项目有上百个；另一大风险表现为众多借挖矿概念炒作诈骗的伪区块链项目借机兜售矿机硬件。

一级市场是诈骗最为集中的领域，监管的缺失、公众辨识能力的匮乏结合庞大的人口基数，令加密货币一级市场呈现出极低的收益风险比，当然近期各国政府一系列监管政策的出台有望改善这一现状。

二级市场的风险同样源于现阶段加密货币发行生态的零准入机制，很多极不成熟的加密货币项目草草上线，短期内价格接近归零，而投资者用传统证券投资总结出的投资方法套用到加密货币领域，往往难以奏效。

金融衍生品市场的最大风险也发生在监管层面，如今的衍生品发布平台通常没有成熟的加密货币投资经验和风控措施，平台一旦宕机、亏损或跑路将会让投资者血本无归，法律的空白更是令投诉无门。

近期的区块链投资市场又出现了一些新的动向，如美国 SEC 考虑出台针对加密货币和 ICO 的详细监管以及国内近期提出并逐步被官方接受的通证经济学概念。市场的发展有其内在规律，作为普通投资者，在风云诡谲的投资环境中保持一颗平常心，加强自身知识储备，不被天花乱坠的概念陷阱所诱惑，才有可能在这场游戏中占得先机，满载而归。

5.2 警惕区块链传销

美国经济学家亚当·斯密在其著作《金钱游戏》中说："股市就是合法的大赌场。"价值指数的上下波动伴随投资者肾上腺素的大量分泌，激发着人类骨子里对风险的渴望。值得庆幸的是，与赌博过程的完全随机不同，股票价格波动的背后是人性的欲望与投资标的价值增长之间的博弈，投资者们也据此提出了各种不同的股票投资方法，大量的投资者在这个"大赌场"中体会着酸甜苦辣。

当区块链加密货币出现后，投机客们发现又多了一个波动更大速度更快的天地施展拳脚而纷纷涌入。但很多踌躇满志的人们以为搭上了通向财务自由的加密货币列车，却发现掉进了传销的陷阱不能自拔。我们今天就来聊聊加密货币世界人人喊打的"李鬼"——区块链传销。

可能很多人对于传销的定义还停留在媒体上的零星报道，认为传销就是通过精神控制、限制自由之类方式强迫人们投入资金、发展下线，很多受过高等教育的年轻人觉得自己肯定不会被传销欺骗。殊不知，随着互联网的兴起，专攻人性弱点的传销组织也早已鸟枪换炮，新型的互联网传销往往打着金融理财、电子商务的旗号，通过搭建电商网站、理财平台等方式吸引公众投资，受害者投入资金后无法取出，只能靠继续帮平台拉人头赚取奖金回本。

网络传销与传统传销相比更加隐蔽，更加温和，追责难度更大，民间危害性也更加严重。如今的网络传销通常会借助大数据、人工智能、大健康等热点技术概念，用似是而非的表达为自己背书，大热的区块链和加密货币概念同样引起了诸多传销团队的关注，区块链传销的出现让很多对区块链感兴趣的圈外人深陷其中。

根据具体运作方式不同，如今的区块链传销可以细分为三类。

第一类与区块链并无实际关系，只是披着区块链外衣的传统网络传销。这类项目通常借着手机挖矿、虚拟矿机、内盘交易等名义，宣传炒作新零售、社交网络、共享等热门概念，通过社群鼓吹比特币等的一夜暴富神话混淆概念，让受害者认为其项目也有同样的发展潜力。投资人入场需要花费资金购买虚拟矿机或某个"内盘交易"的币种，资金一旦入场往往需要靠"虚拟挖矿"、锁仓、返利等方式才能逐步取出，而更加快捷的赚钱方式就是通过推荐下线入场赚取推荐佣金，很多受害者为了早日回本往往主动推广，助纣为虐。这类区块链传销究其本质只是借加密货币的名义进行的网络传销，仍然脱离不开"推荐奖"、动态收益、单边上涨等套路。要辨别这类传销，除了具体分析其获利模式，还有一个最简单的办法，只需要在"非小号""Mytoken"等区块链大数据网站搜索该项目，简单验证即可辨识。

第二类区块链传销的玩法更加隐蔽，生造一个伪加密货币项目很容易被识破，一些与时俱进的传销组织开始瞄上了比特币、以太坊等真实存在的加密货币，将之前要求采用人民币参与的传销项目改头换面用这些主流币种进行募资，用真实的加密货币玩起了传销资金盘勾当。这类传销的主要受众是部分对区块链似懂非懂的投资人及另一些抱有赌徒心态自愿加入的投机客，加密货币的匿名特性令其追责难度更大，传播也更为广泛。这种类型的传销目前国内外也已有多起，其中影响范围最广的要数 2017 年的"以太坊贸易"，通过建立国外网站采用锁仓返利的方式吸引全球投资者用以太币进行投资，同时设置邀请返佣模式，简陋的网页配合拙劣的骗局，仅仅因为攀附上了大热的区块链概念，就在短短半年多的时间内吸引了全球数百万人参与。项目最终以网站关停团队跑路的方式结束，而现在仍然有大把的后来者模仿"以太坊贸易"的传销模式活跃在各大微信群和论坛中。要辨别这类传销难度稍大，需要对真实的区块链加密货币交易模式有所了解，受骗者往往也是初闻区块链概念的新手投资人。

第三类区块链传销方式的辨识难度最大，连很多加密货币的投资老手也偶尔踩雷。所有传销骗局运转到后期都会遇到同一个问题——无人接盘，这也是多数传统传销后期往往需要修改规则或者直接跑路的原因所在。区块链加密货币的出现尤其是现阶段发币行为的零门槛让众多苦苦支撑的传销项目找到了一个宣泄口，纷纷发行加密货币兑换资金盘内部积分，通过加密货币庞大的二级市场交易量消化传销的泡沫，而不明真相的投资人无形中替传销玩家接了盘。这类洗白的传销流传最广，也是最难以辨别的品种，需要投资人对所投资加密货币的前世今生均进行详细的调研与验证，而这显然不现实。这类传销的诞生是现阶段加密货币市场极度不规范所导致的必然结果，作为普通投资人只能尽量远离不了解的门类，并对流传较广的传销洗白币种（如东南亚某个资金盘传销积分包装成的"华克金"等）心存警惕。

传销折射的是人性之恶，通过简单列举区块链传销的套路，希望能够帮助一些朋友更好地辨别。网络传销伤害的是每一个参与者，其最大的危害性在于赋予每个受害人加害别人的能力。奉劝每一位朋友，警惕区块链传销，一旦入局尽快抽身，毕竟雪崩之下，没有一片雪花是无辜的。

5.3 ICO 一夜暴富的疯狂

股民朋友们一定对一个名词非常熟悉，IPO，指代初次公开发行上市，作为股票一级市场的最后一环，IPO 的完成意味着公司股票可以在证券交易所或报价系统挂牌交易，这不仅是很多初创公司的终极奋斗目标，也是投资客的一场盛宴。

现代 IPO 缘起于大航海时代，海上探险者出海虽然很可能满载而归，但同样面临着大额开销问题。于是他们在出海前向公众募集大量资金并发放资金凭证，当航行满载而归后，公众就可以用手中的凭证换取本金和航海收益的分红。

为了解决部分人要快速套现的需求，他们还设计了交易市场，在船队回港前，公众可以在市场上将凭证卖给别人，至于价格主要基于对船队收益的预期，这种原始蛮荒的股市 IPO 帮助包括东印度公司在内的很多公司快速崛起。

数百年后，区块链时代开启，很多区块链项目的发起方同样面临着募资问题，他们效法 IPO 在项目开发前面向技术爱好者们募集项目开发资金，并提供项目中所采用的加密货币作为回报凭证，这个过程称为 ICO。

历史上最早应用 ICO 方式募资的区块链项目是 2013 年发起的万事达币，当时募集了 5000 枚比特币，虽然项目最终失败，但所引入的这种募资方式不仅能够给开发团队短时间带来足够的开发资金，更是为项目代币的流通性提供了保障，因而为后续众多项目采用，包括我们耳熟能详的以太坊和 EOS。

但就如同 IPO 与股市早期被混乱、诈骗和内幕交易包裹，刚刚诞生 5 年的 ICO 市场同样充斥着骗局。据不完全统计，仅 2017 年一年，市场上进行 ICO 募资的项目多达上千个，其中不乏恶意欺诈和虚假宣传。在这种狂热下，2017 年 9 月 4 日，中国央行联合七部委发文叫停国内 ICO，关停国内比特币交易所，并定性 ICO 为非法，一时间加密货币市场杀跌，行业内哀鸿遍野。但是行政强制命令并不能左右市场的方向，接下来的 3 个月内，各加密货币价格依旧一路高涨，国内很多 ICO 项目纷纷海外发布继续融资。暴涨的最高点出现在 2017 年圣诞节，顶峰后紧接着就是整个市场的断崖式崩塌，在 2017 年批量上马的 ICO 项目更是超过 80% 陆续被曝欺诈，92% 项目代币价格如今已经大幅下跌接近归零。

这种过山车式的行情发展让几乎所有人始料未及，资本疯狂的背后是一系列因素综合作用的结果：缺乏监管虽已是老生常谈却依旧不得不提，相比于 IPO 发展至今 400 余年，各国均有一系列严格的监管政策及审核机制保证运行，而 ICO 目前尚且处于初期野蛮生长的状态，未有成体系的监管落地和合格投资者筛选机制。没有任何约束的募资逻辑无异于让项目团队先致富后创业，人性中的恶得以充分释放，本应促进技术进步的 ICO 演变成了骗子的狂欢。

市场的高度泡沫化同样是这一切的幕后推手，随着比特币等加密货币价格逐年上升，区块链技术的热度连年上涨。但由于区块链技术的强 IT 属性，投资者很难完全理解，面对 ICO 项目白皮书中天花乱坠的概念与应用场景只能人云亦云。一些早期的 ICO 项目最后也确实取得了成功，导致相应加密货币价格的大幅上涨，客观上创造了很多投资 ICO 的暴富神话，这类回报丰厚的早期 ICO 项目中最为著名的有现已成为区块链应用第一平台的以太坊和四年时间代币涨幅高达十万余倍的 NXT 未来币等。以太坊等支持代币发行的区块链基础平台更是让 ICO 的技术门槛降到了极低，2017 年绝大多数的 ICO 诈骗项目均为通过应用以太坊平台发布代币的形式进行募资。

市场的疯狂告一段落，如今的 ICO 似乎已经成为过街老鼠。但抛开偏见，作为一种灵活的募资方式，ICO 也并非毫无可取之处，历史上众多优秀 ICO 项目的出现同样佐证了这一点。非黑即白的一刀切监管无异于因噎废食，要平衡一个区块链项目开发成本与投资者权益之间的关系，这不仅依赖行业自律和一些技术手段的应用，同时也需要国家层面提供相应的监管设计和政策支持。

可喜的是，以太坊创始人 V 神近期发声，提出基于以太坊平台的新型可监管 ICO 概念，通过引入智能合约监控 ICO 项目的预定目标完成情况并分批释放总募资的相应部分，从技术层面尝试解决 ICO 诈骗，称为 DAICO。但在这个投机者环绕的市场中，纯技术手段制约了开发者之恶，却无法应对可能出现的投资者之恶，问题想要彻底解决，仍需要依托现实世界的政府监管。

随着美国证券委员会（SEC）对于区块链和 ICO 的监管研究逐步深化，STO 的概念开始逐渐流行。STO 可以简单理解为合法合规的 ICO，其早期核心是符合 SEC 的监管需求，包含合格投资人、反贪污反洗钱、信息披露及投资人锁定。随着其他国家对 ICO 的监管跟进，STO 的概念已经走出美国，用于指代那些希望接受本国证券法监管的证券化代币发行，但截至目前，尚未出现国家级的证券法有明确放宽证券型代币的相关规定。

不管是 DAICO 还是 STO，都是让 ICO 去伪存真的一系列积极尝试，未来究竟如何，时间会给出最公正的答案。

5.4 加密货币二级市场

很多人刚刚接触区块链的时候都会产生一个困惑：加密货币到底是不是货币？这个问题并不好回答。理论上说，作为公有区块链项目激励层的重要一环，加密货币是节点激励或用户激励的价值标的，同时也是众多区块链网络中价值传递的标的物。如此看来，加密货币似乎具备了成为货币的必备属性。

但具备条件不代表公众认可，作为一种全新的经济学尝试，至少在现阶段，全球只有少量商家和机构接受比特币等主流加密货币，想要在日常生活中应用加密货币依旧困难重重。现阶段加密货币最为直接的价值体现方式仍然需要兑换成各国法定货币，而加密货币与法定货币或其他加密货币的兑换行为就构成了我们今天要说的：加密货币二级市场。

二级市场的概念最早源于证券行业，区别于止于首次证券发行的一级市场，指的是证券发行后在不同投资者之间买卖流通的过程，我们熟悉的上海证券交易所和深圳证券交易所就属于二级市场的范畴。加密货币玩家将这一概念引申到了加密货币领域，各类加密货币通过在投资人之间自由地流通兑换，实现价值回归。

实物的交易需要有场所，加密货币的流通同样需要平台。比特币诞生之初，其兑换方式往往是双方点对点地一手交钱一手转币，不仅效率低下而且安全性难以保障。

随着流通需求的增多，2010 年 7 月，电驴下载的创始人创办了世界上首个比特币线上交易平台——门头沟交易所，凭借高效的撮合机制及便捷的平台担保，在短时间内就几乎垄断了全球的比特币交易。交易所的出现开创了一个时代，也象征着加密货币二级市场由稚嫩逐步走向成熟。门头沟交易所在 2014 年 2 月被黑客攻破网站盗走 85 万比特币后申请破产，一代枭雄的没落也给了后继者机会。2014 年上半年，中国的多家交易所凭借免交易手续费和一系列创新服务迅速抢占了市场，一度占据了全球 9 成以上的交易量，但好景不长，2017 年 1 月，中国央行等部门开始监管国内加密货币交易所，同年 9 月 4 日更是责令全部关停，国内交易所纷纷将注册地移至海外。

考虑到可能的政治影响，如今世界上交易量前列的交易所大都注册在日韩、马耳他等对加密货币态度友善的国家或地区。刚才提到的众多交易所均由民间的中心化公司或机构管理，虽然能够为用户提供快捷的交易服务，但其中心化的交易逻辑要求用户将自己的加密货币资产存储到交易所平台方可交易，一旦交易所遭遇黑客攻击或恶意倒闭、监守自盗，用户的加密货币资产将面临丢失的风险。

针对这一弊端，又诞生了利用区块链智能合约技术的去中心化交易所以及为点对点交易提供担保的场外交易所，但两者在便捷易用性上均不如流行的中心化场内交易所。据统计，目前全球有一定流通规模的加密货币有 2500 余种，这些加密货币大部分的流动性均靠中心化交易所保障。现阶段在全球范围内针对加密货币二级市场尚无明确的法律监管，世界各地的大小交易所也均为私营状态，当交易所手握大量用户同时又有权力决定是否支持某个加密货币交易时，必然诞生罪恶。很多交易所开始向加密货币开发者团队索要高昂的"上币费"，更有甚者，制造虚假交易数据或者自行发行某些"空气币"。巨额利益的驱使下很多原本的加密货币团队纷纷调转枪头创建了自己的交易所试图分一杯羹，交易所俨然成为加密货币二级市场的中心化毒瘤。

群魔乱舞的市场中，很多人开始期待官方或大型加密货币交易所的出现。2018 年伊始，坊间就一直流传美国纳斯达克将于 2018 年 10 月左右上线加密货币交易。然而，流传中的上线日期早已过去，纳斯达克仍然没有相关动静，后事如何，值得关注。

抛开受人热炒的二级市场交易所，加密货币的财富神话同样深深地吸引了华尔街之狼们，与全球庞大的金融市场相比，加密货币区区 2000 亿美金的总体量仍有巨大的上涨空间，华尔街精英们在观望之余也采取了一系列的尝试。

不断提出的比特币 ETF 基金申请虽然均被美国证监会驳回，但丝毫打消不了金融机构入场的热情。越来越多的基金经理打起了加密货币二级市场的主意，从跨交易所套利到高频量化微操作，从指数基金到 ETN 票据，传统二级市场的金融衍生品被引入了加密货币领域，让公众选择投资加密货币时有了更多的选择空间。

目前，经历了行情的一路走熊和多国的政策打压，加密货币二级市场的流动性已然大幅缩水。这里已是严寒，但春天终将到来，未来的日子里，在监管下趋于良性运转的加密货币市场必将与区块链技术一起，重新定义这个世界。

5.5 风头正劲的稳定币

2018 年 9 月 10 日，区块链世界里出现了一个不大不小的新闻——纽约金融服务部同时批准了两种基于以太坊发行的稳定币 Gusd 和 Pax。联邦存款保险公司为这两个币种提供担保服务。币圈人相当淡定，经济学家们却炸了锅，相关文章纷纷冠以"世界金融灾难的开始""华尔街的陷阱"等标题。那么究竟什么是稳定币，它又具有什么样的特性能够勾起各位经济学家的兴趣呢？

首先我们来看看什么是稳定币。与比特币类似，所谓稳定币也是一类区块链加密资产，但是稳定币由于锚定了美元、人民币等法定货币或者黄金等贵金属，以实现了现实世界中的价格稳定而得名。

比特币的诞生初衷可以说是一场旨在颠覆现存货币体系的货币试验，但现实给了无政府主义极客们反手一击，比特币的支付功能少有落地，反而沦为炒客们价格炒作的筹码。现实世界不是乌托邦，比特币这种完全自容的独立金融体系与现实世界缺乏价值交互的链接，必将陷入如今的尴尬局面，区块链世界金融体系想要真正贯通现实世界，稳定币的设计是必备而且有效的，其功能主要表现在三个层面：

首先是作为加密货币资产投资的法定货币出入口和储值手段。现阶段绝大多数人投资加密货币均需借助交易所平台，早期交易所可直接接受各国法定货币充值，但随着各国对加密货币的监管加码以及用户存在跨平台交易的实际需求，各大交易所纷纷上线稳定币用以规避平台风险，同时依托区块链让用户实现便捷的跨平台稳定币转移。

稳定币的第二项功能在于作为价值标的物参与互联网上点对点的价值传递，比特币没有实现的支付货币功能被稳定币填补，价格的稳定规避了可能的投机风险，区块链底层技术也让点对点的价值流转过程更加隐私高效。

稳定币的最后一大应用价值是实现了物权与金融属性的分离，落地应用服务实体经济是众多区块链加密货币项目存在的最终愿景，但现实中由于加密货币的价格波动，参与者往往只关心价格投机而忽视其背后应用场景。稳定币的出现提出了一种可能，如果让加密货币的金融属性与各自应用场景中所代表的物权分离，可能能够更好地推进区块链技术实际落地。

讨论完特性，我们来看看稳定币究竟如何保持自身价格稳定。目前主流的稳定币根据价值背书逻辑不同可分为三类：物理资产抵押型、加密资产抵押型及无资产抵押型。物理资产抵押很好理解，这类稳定币通常由某中心化机构或公司发行，并向银行或者其他第三方托管机构 1：1 抵押相应价值的法定货币或贵金属，其技术门槛最低，如今应用最为广泛的 USDT 即属于这一类别。USDT 由私营企业 Tether 发行并承诺 1：1 准备金率，用户经过一系列实名及反洗钱认证后即可在 Tether 官网进行 USDT 与美元的 1：1 兑换。USDT 能够被各大交易所广泛运用，老牌交易平台 Bitfinex 功不可没，Bitfinex 与 Tether 公司股东重合度极高，也是第一家引入 USDT 交易对的加密货币交易所，用户基于对 Tether 公司及 Bitfinex 平台的信任及区块链技术的加密保障而选择接受 USDT 作为连接加密货币资产与美元的桥梁。

然而，资本雄厚的 Tether 在年初由于黑客攻击导致网站暂停服务，US-DT 也相应经历了一波价格波动，最高溢价高达近 20％。

本次批准通过的 Gusd 与 Pax 同样是法定资产抵押背书逻辑，但作为目前唯一一种得到主流主权国家背书的区块链稳定币存在，其所代表的"美元数字化"的影响将不仅仅局限于加密货币圈，很可能这只是吹响了一场世界经济变革的号角。

物理资产抵押型稳定币虽然使用便捷，但过度依赖中心化信用，与区块链的去中心化理念背离。加密资产抵押型稳定币则不需要依赖中心化背书，依托自动执行的区块链智能合约，用户只需提供相应的加密货币资产作为抵押即可得到一定数量的稳定币，为了保障稳定币的价格稳定，往往需要成倍价值的加密货币抵押。这类稳定币技术相对复杂，且对所抵押加密货币的流动性有一定影响，目前成熟的应用案例有基于以太坊抵押的 DAI 及质押比特股发行的比特元等。

与前两类稳定币抵押逻辑的简单明了不同，无抵押稳定币的应用逻辑就显得不那么直观。这类稳定币完全对标现实世界中的信用法定货币，通过智能合约替代央行，智能监测交易市场上的稳定币需求动态增发或销毁货币。无抵押型稳定币摆脱了对其他资产的依赖性，通过系统自动调节货币流通量来稳定币值。但这种完全依托于代码的供需调节很难保证在极端行情下的系统稳定性，掌握这类稳定机制的知识门槛同样较高，从而进一步增大了公众的信任风险。这类稳定币目前尚处于早期探索阶段，已有的少量产品均未获得大范围运用，可靠性及稳定性有待进一步考证。

稳定币的意义并不局限于区块链技术层面，其影响力已经逐渐辐射到现实世界，成为连接现实世界和虚拟世界的桥梁，并将会在接下来很长一段时间扮演重要的角色。

5.6 区块链浪潮下的投资机构

2017 年可谓区块链投资的鼎盛之年，短短一年的时间，各加密货币门类均取得了动辄数十倍乃至上百倍的涨幅，成为人类投资史上的传奇。空前高涨的市场热度不仅让极客和投机者血脉偾张，更吸引了投资机构和资本的目光。

区块链机构投资的热潮开始于 2016 年下半年，经历了为期 3 年的大熊市，此时的加密货币市场已经积蓄了足够的上攻动力，一些初创项目此时选择 ICO 募资并在短时间为投资者带来了传统投资所难以企及的收益率，牛市的号角就此吹响。与传统投资动辄几年的回报周期和百万级的投资门槛相比，以加密货币为主要标的的区块链投资显得更加灵活机动，对囊中羞涩的小型机构也更加友好。

一夜百倍的收益率配合极低的入局门槛，创投界的小型 VC 和个人投资者们纷纷招兵买马组建 Token Fund，他们通常可以凭借圈内人脉和资本优势用更加优厚的兑换比例从 ICO 项目方手中用比特币、以太坊等换取初次发行的项目代币，只需等待几个月后代币上线交易即可获得少则几倍多则上百倍的收益套现。Token Fund 资本体量一般较小，操作规范及专业程度较低，以加密货币价格短线投机为主。从利益获取角度来看，2017 年无疑是 Token Fund 最好的时代。

随着牛市继续发酵，多如牛毛的中小型 Token Fund 虽然享用了市场初期红利但并不是主角，真正能够翻云覆雨的是紧随其后的传统互联网大佬们。区块链世界的快速发展让原本身处时代最前沿的互联网投资者一夜之间成为"古典投资人"。但这并不妨碍其在区块链投资赛道发力，古典投资人或古典投资机构中的先知先觉者如 IDG、红杉资本中国、真格基金等在区块链领域同样斩获颇丰。

与中小型机构不同的是，这类经历过传统互联网爆发的专业投资者资金更加雄厚，对技术的理解与储备也更加充足，对于区块链这一新兴投资领域，他们的态度在真格基金徐小平老师无意吐露的一句"拥抱区块链"中表露无遗。依托更加多元化的资源，基金巨头们已经不满足于单个初创加密货币项目的价格投机，而是在整个区块链行业多方押注，从技术团队到媒体平台，从加密货币 ICO 到公司股权，虽然涉猎广泛但加密货币依然是古典投资机构关注的重点。

巨量资本的注入短期内不一定能够成就单一项目，但绝对会对整体行业产生短期利好。大量区块链初创企业获得股权和加密货币融资进一步激发了后来人，批量产出的项目中也不乏闪光者。如今与以太坊分庭抗礼的公链平台EOS 在 2017—2018 年进行了为期一年的 ICO 募资，筹集大量资金并获得了大量的关注及技术支持。2017 年对于古典投资机构同样是丰收之年，赚钱太容易倒显得不那么真实，一夜醒来多了十几亿也并非做梦，各路投资大佬纷纷放出未来一片光明的豪言。

投资机构对区块链所表现出的空前热情，不仅源于加密货币价格的热炒，也源自对于区块链技术发展的信心。纵观历史，资本与技术的碰撞往往会诞生出天才的火花，资本推动技术革新，而技术的发展则吸引更多的资本注入，本可形成一个良性闭环。但事与愿违，区块链投资在 2017 年的狂欢过后迎来了整个市场的断崖式下挫，引发了一系列连锁反应，令 Token Fund 哀鸿遍野，传统基金噤若寒蝉。这一切的一切已经不是一句简单的"市场规律"所能解释，喧嚣过后回头望去，市场的暴涨暴跌背后似乎是同一个原因：资本注入过快。

在 2016 年之前，不论是区块链还是加密货币都属于极为小众的投资门类，整个市场的市值和容量仅靠少量极客及散户支撑，资金体量小。资本巨鳄的集中入场短期带来了市场的爆发性增长，让部分优秀区块链项目得到了发展的契机，但由于整个行业缺乏有效监管，更多的圈钱诈骗项目纷纷涌入，而众多新入局的机构投资客们与大部分散户投资人一样并不具备识别骗局的能力，大量资金流入圈钱诈骗项目中。

整个行业的野蛮生长之下，"空气币"蔓延横行，另有一些违规操作的资本、媒体在背后推波助澜企图依靠信息不对等进行新一轮收割。在疯狂持续的大半年时间中，依靠一份白皮书即可融资上亿的项目并非个案，各种荒诞离奇的募资理由涌现，散户与机构投资客陷入了集体非理性状态，更是出现了为发币圈钱提供全套技术支持的"一键发币"服务团队。

一级市场的泡沫破裂下，部分资本选择黯然离场，另有一些机构将目光投向了加密货币二级市场基金与金融衍生品。与仅可单向投资的一级市场不同，二级市场的投资可以根据市场预期灵活调整进行多空双向交易，熊市中基于传统证券二级市场投资逻辑设立的加密货币对冲基金成为资本新的宠儿。2018年上半年，大量资金涌入各大加密货币量化交易对冲基金，市场呈现又一轮繁盛景象。但好景同样不长，盛极一时的量化基金项目大都销声匿迹，加密货币市场的暴涨暴跌特性并不适合直接套用成熟证券市场中的交易策略。

投资机构入局区块链投资的历程可谓一波三折，痛定思痛，一度热捧区块链的机构纷纷态度急转甚至放言拒投任何区块链项目。抛开过度的期许与偏见，区块链技术的革新发展离不开机构资本的支持与助力。对于区块链的未来发展无须盖棺定论，只是我们需要花费一定时间探寻如何在技术渐近式发展与资本逐利属性间找到平衡——即使这个平衡看上去是那么的微妙。

5.7 区块链投资向何处去

2018 年即将过去，著名财经作家吴晓波先生在 2018 年终秀中特地提到区块链，"它是 2018 年最不堪的新经济名词，但将是下一代信息革命的引爆区"，用这句评语来概括区块链的如今状态可谓精准。从崛起于微末到逐步被世人所了解，并一步步影响整个世界，十年的时间成就了区块链技术的革新与发展，却依旧难掩投资市场的一地鸡毛。

不同于人工智能、大数据、物联网等其他科技概念，区块链是个兼具技术属性与金融属性的复合体。它的技术属性高端且纯粹，能够为现实世界创造真实的价值，但认知门槛较高，通常只能在小范围内大热，却很难引起社会各阶层的关注。金融属性则具有更高的普适性，凭借吸引眼球的概念可以短期吸引大量资本涌入，实现资源的更优化配置。区块链的技术属性保障了其长线发展的价值支撑，而技术衍生出的金融投资市场则短时间内为其赢得了大量的关注与资金。

作为一个永远在迭代发展的系统，区块链如今所具有的复合属性并非天生。在 2014 年以前，区块链只具备金融价值，以比特币为代表的早期加密货币均旨在建立一套独立于现实金融体系的点对点网络支付系统，却往往沦为价格炒作的工具，这一时期的区块链属性单一，其最主要价值仅在于开创了一个相对小众的投资方向。

区块链概念的真正爆发与成长发生在 2014 年以后，随着以太坊项目首度引入智能合约，更复杂的区块链技术应用成为可能。众多金融机构、企业纷纷关注或入局，一时间区块链技术似乎成了包治百病的万能药，民众和企业对现有互联网中心化逻辑的不满找到了宣泄口，区块链技术被赋予颠覆互联网的重任。至此，区块链的双重属性正式形成。

技术与投资市场作为区块链的两条并行发展的主线，各自独立却又相互影响。理想的状态是技术吸引资源，资源推动技术革新，形成闭环。但实际上技术发展中资源的错配是贯穿人类经济发展历史始终的正常现象，到了区块链领域，这一错配更加的严重，甚至已经影响到了整个世界，造成了吴先生口中"最不堪"的局面。

区块链领域的资源错配主要表现在市场预期与技术现状的严重背离。区块链技术应用起步于 2014 年后，虽被赋予重任，但现阶段受制于技术基础、公众接受度、法规滞后等多方面原因，暂时并没有取得大范围的应用落地。而以加密货币为主要标的物的区块链投资市场诞生于 2009 年，拥有更多的公众基础，一轮轮市场大热将区块链概念推向普罗大众，但技术概念的晦涩难懂让大量新手投资者只能随波逐流。现阶段加密货币投资准入门槛的缺失让一些缺乏基本知识储备的"不合格投资者"入局，他们往往只关心各加密货币交易价格的涨跌而对其背后的技术动态、商业模式一无所知。

市场的混乱吸引了另一波职业投机客和诈骗者，形成新一轮的恶性循环，混乱在 2017 年达到顶峰。区块链加密货币的价格与技术价值完全剥离，在资本的推动和投机客的推波助澜下，罪恶开始滋生，诈骗和圈钱成为市场的主旋律。

区块链投资世界的混乱与畸形覆盖了从零级市场到衍生品的各个流通环节，有价值的项目和团队缺乏爆点得不到资本青睐，炒作概念的庞氏骗局却大受追捧，颇有傻子太多骗子不够用的意思。疯狂之中，众多毫无技术储备的企业和团队靠一纸白皮书发币，天花乱坠的概念包装之下是核心技术的缺失和商业模式的不自洽。

但是，当时的市场只需要一个可以用于炒作的物件，至于这个物件背后是否是空气并不在意，投资市场的每个参与者都在试图低买高卖赚取差价，新入局的新手则成了接盘者。

疯狂之所以称为疯狂，在于其无法持久。2017 年年底，区块链投资市场迎来了史上最高价位，之后是持续性的断崖式下跌。一年过去了，如今的加密货币市场，较最高点价格的平均跌幅高达 80％。很多经济学家将区块链加密货币的炒作和破灭理解为又一场郁金香骗局，从发展脉络及价格走势看，二者的演进过程极为相似，但深入分析又有本质不同。几百年前的郁金香泡沫背后完全没有价值支撑，破灭后价格归零，而区块链技术应用的价值虽被短期严重高估，但在现实世界中仍具有不可替代性，这也是十年来加密货币价格虽然经历了多轮暴涨暴跌但依旧整体上行的主要原因。

从更加长线的角度看，技术依旧是区块链发展的根基，资本市场的混乱虽然让很多人蒙受巨额损失，但也客观上激发了世界对区块链技术的关注，随着近期相关政策和企业态度的转变，在可预见的未来，区块链技术将拥有更加优越的发展契机。投资市场的短期下挫事实上修正了资源的严重错配，让一系列诈骗项目出局的同时，也为真正的优质项目与团队富集了资本，虽然手段相对激烈，但对区块链行业的整体发展而言利大于弊。

新兴科技发展中的泡沫不可避免，在国际著名 IT 顾问公司加特纳 2018 年更新的新兴科技发展曲线中，区块链技术正处于发展最高点后的泡沫幻灭期，低谷之中，考验与机遇并存，要熬过行业寒冬不仅需要壮士断腕的勇气更离不开愚公移山式的韧劲，只有坚持到了黎明方能涅槃重生，真正拥有一飞冲天的资格和资本。

第 6 章　应用篇：区块链企业应用

6.1 金融区块链

如果问一个从业者区块链技术落地应用最为成熟的场景是什么，得到的回答往往都是金融。究其原因，金融行业的本质是基于信任的合作，金融活动中的成本与摩擦往往源于信息不对称下的各方不互信，而区块链的记账属性与金融的线上数据天然契合，可信账本加智能合约的自动执行可使金融流转的信任成本降到最低。在金融数字时代，区块链成为解决信任的最理想的技术方案。

从金融业实际需求催生出的联盟链概念到巨头银行共建的 R3 区块链同盟，金融行业对区块链的关注和参与由来已久，而区块链技术也已经在金融领域开辟了多项切实的应用落地。

最为直接的场景就是区块链加密货币，加密货币的高流通性不仅可以用于价格炒作，同样也可以加速货币全球化的进程，锚定各国法定货币的区块链稳定币，近期成为各国金融机构关心的重点，天然合规稳定币的出现是加密货币与传统金融业的关键融合点。

跨国支付清算是区块链技术在金融领域的另一落地应用场景，现阶段国际间商业贸易极端繁荣，但传统的银行交易方式需要开户行、对手行、清算组织、代理行等多个组织参与。每个机构账务系统互相独立，一笔支付往往需要发生多次记账、对账、清算，整个支付过程两端互不信任且存在信息孤岛。操作的人工验证、执行、监督都要耗费大量的人力物力和时间成本。

区块链技术的应用可以打通支付两端账本，消除中间环节，实现可信支付清算，智能合约更是可以保障流程的自动化运转，使得跨境支付结算的成本与耗时显著降低。最先落地应用于区块链跨境支付结算的是瑞波系统，作为一个应用区块链技术的开源支付网络，它与世界各国数十家银行合作，其区块链网络上可以转账任意法定货币或加密货币，交易仅需几秒即可确认，同时交易费极为低廉。除此之外，还有一些公有链项目同样专注于跨境支付结算，如恒星币、新经币等；另有一些银行则选择基于超级账本等联盟链平台搭建自己的跨国支付联盟链进行银行间跨境交互。

银行征信管理是区块链为金融业带来的又一场革新，征信系统作为现代商业银行信贷业务的基础，其准确性及及时性直接影响银行的信贷收益。然而，银行现有的征信系统往往存在着信息不完整、数据滞后、效率低下等问题，主要原因在于如今的征信记录及调用过程需要大量的人工参与，系统设计者必须在便捷性、系统安全、个人隐私三者中寻找一个平衡点。

区块链技术的引入可以依靠算法自动记录信用信息并分布式存储，保证信息透明可信。当贷款机构有需求时，可由程序直接调用区块链数据并自动评判结果而无须向央行申请查询，全自动的运转也使得征信内容的准确性及隐私得以保障，美国的两大征信机构现已与多家加拿大银行合作测试区块链身份信用系统。

证券同样是金融业的重要组成部分，传统的证券业依赖中心化交易所且仅支持在特定时间段进行交易，而应用区块链技术将证券通证化后，可 7×24 无限分割交易，同时突破国别、交易所的限制实现全球流转。纳斯达克证券交易所、纽交所、澳洲交易所、韩国交易所均在积极探索区块链在证券交易方面的应用。

保险业作为金融业的另一个分支，同样急需区块链技术解决信息不对称问题。投保时保险公司需要根据客户提供的各项数据信息评估风险，一旦用户恶意隐瞒或提供虚假信息将使得后期赔付时出现争议。而区块链结合大数据平台的应用不仅可以主动收集更加全面的投保信息，更可依托其不可篡改可追踪的特性提高投保人的作恶成本，从而降低保险管理难度与成本。目前，欧洲已有公司基于区块链技术提供珍贵宝石的保险服务，国内阳光保险也于 2016 年就尝试将区块链底层架构应用到了其保险系统中。

金融领域审计的重要性同样毋庸置疑。传统的审计常常面临取证、追踪、回溯难的问题，关键数据难保不被人为或不可抗力破坏，区块链技术的出现为金融审计业提供了有力的技术保障，区块链的分布式属性有效地保障了所有数据的完整性、永久性和不可更改性。国际著名会计师事务所德勤和普华永道分别在 2014 年和 2016 年入局区块链金融审计的应用研究，目前已与多家商业银行和金融机构达成了合作。

区块链技术在金融上的应用贯穿了整个行业，且已经诞生了不少成果实例，但大多数还处于概念验证阶段，金融区块链的发展不仅受限于现有区块链技术本身的尚未成熟，更为重要的原因在于区块链生态系统的搭建尚需时日：区块链在部分金融机构多点开花式的应用固然可喜，但只有当这些散点组合成一个完整的面，才能够释放真正的价值。

在此过程中还有一个现实问题不应忽略：区块链固然可以降低金融业成本，但同时也会大幅降低金融机构的直接收入，包括依靠信用壁垒及信息壁垒所收取的手续费与佣金，既得利益与行业发展的矛盾必将长期伴随着金融区块链的发展。

6.2 区块链溯源

从苏丹红到毒奶粉，从地沟油到假疫苗，食品安全和医疗安全事故频发已经让一贯隐忍的中国人陷入了全民集体焦虑。要解决这类问题，不仅需要法律监管条款的进一步完善，更离不开各类相关技术手段的支持，而基于区块链的产业链溯源技术逐渐被各大科技巨头所关注，并被认为是最有可能解决上述问题的技术方案之一。

现代社会化大生产下，任何一件商品从产出到最终到达消费者手中都不是一家企业所能够独立完成的，往往需要经历采购、加工、物流及贸易等诸多环节。各环节由不同的企业负责，诸多上下游企业合作形成一条完整的产业链。所谓产业链溯源所研究的就是通过技术手段追踪整个产业链中每个环节的信息，使得一旦产品出现问题可以回溯追责，通过这种方式保障最终产品合格并威慑可能的作恶企业。

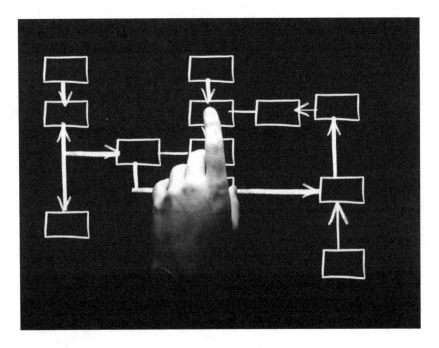

这种溯源思想并非现代人首创，早在一千多年前的中国唐朝就已经有类似的规定，当时政府要求所有参与兵器打造的工匠都必须将姓名刻在所制造的兵器上，一旦某个兵器在战争中出现问题，其打造者将面临严厉的刑罚。

到了近现代，社会分工更加精细，要将整个产业链的所有参与者均在最终产品上直接体现显然不现实。所幸现代企业均会采用记账的方式记录对外的业务往来，通过这种方式理论上仍然可以实现产业链追踪。随着计算机的出现与普及，很多企业的纸质记账过程逐渐电子化，但本质并没有改变。这种记账方式理论上可行，但实际操作中容错能力极低，一旦最终产品出现问题需要追溯时，只要有任意一环的账本被人恶意篡改或丢失，则整个追踪过程将无法继续，这也是传统产业链溯源的一大痛点，对于较为复杂的产业链往往由于追溯记录不闭环而难以实现精确追溯。

区块链技术的出现改变了这一现状，试想如果产业链各方共同在一个公共账本上记录各自业务，任何公共账本的修改都被公共监督，那么即使有少数参与者试图篡改也将无法得逞，追溯过程将更加具有公信力，这就是区块链溯源的基本原理。常规的区块链溯源技术方案通常是通过二维码或智能芯片给食品、药品等需要溯源的产品赋予一个唯一的数字身份，该数字身份对应区块链网络上的一个公共账本用以记录产业链各环节实时产生的数据，整个过程除了用到区块链技术，还需配合射频识别、二维条码、近场通信等物联网设备及边缘计算等数据处理算法的支持。

与传统方法相比，区块链防伪具有多方面的优势。产业链溯源是一种手段，其最终目的是解决实际消费过程中防伪、追责及威慑的三方面问题，区块链技术的分布式账本逻辑配合全电子化的信息采集过程可以保证溯源信息的时效性和不可篡改性，避免传统溯源中信息链断裂的问题。基于区块链唯一排他性的数字身份也可以有效防止商品造假，即使复制了二维码、智能芯片等内部信息也无法进行链上验证，而假货无限复制正版二维码的情况是传统溯源技术所无法解决的痛点。最后，区块链的公开透明特性也能够更好地让公众及监管部门在不影响数据的情况下介入监督，从而进一步提高溯源结果的公信力。

区块链溯源的诸多优势，使对区块链落地应用探索成为一大热门方向。目前已有的区块链溯源应用产品，既有基于公链逻辑开发的唯链、溯源链，也有京东、阿里、沃尔玛、家乐福等巨头及管理机构搭建的联盟链溯源平台。区块链溯源似乎让世界变得更加真实美好，但如果我们就此高枕无忧还为时过早，今年 5 月份，央视焦点访谈报道了北京某超市有机蔬菜造假，而具有讽刺意味的是该商品贴有农业区块链溯源平台标识，媒体开始纷纷质疑区块链溯源的可靠性。

事实上，现阶段的区块链溯源技术确实存在一些需要改善的点：首先在于公有链或联盟链技术底层的选择，公有链的公开透明性最高，但效率低于联盟链难以应付需要高频应用的场景，而加密货币的存在也给实际应用带来了障碍，联盟链效率更高权限控制也更精准，但由于不够公开往往陷入自说自话的尴尬局面。其次，区块链只能够保证上传数据不可篡改，但无法校验数据真实性，一旦上传的内容虚假，区块链溯源往往会被动地"助纣为虐"，这也是央视报道中问题的根本所在。最后，区块链数字身份与产品的链接形式，常规均采用二维码、射频芯片等物理载体与产品外包装绑定，但这种方式也有漏洞可钻，近年来就曾经出现过造假者用注射器穿透瓶盖抽取正品茅台酒中酒浆灌入假酒的事件。

笔者认为，这个世界上不存在没有漏洞的法律条文，同样也不可能有完美无缺的技术。区块链溯源作为一种中立的技术手段，有其技术价值，但在层出不穷的作恶手段面前，任何技术力量都是单薄的，必须配套相关的法规监管，才能让区块链溯源技术真正落到实处。

6.3 资产上链

我们总是称呼区块链为价值互联网以区别于之前的信息互联网，加密货币则是区块链上价值传递的标的。但这些加密货币的价值到底源于何处？我们当然可以赋予它们内生价值，也就是所谓的价值来源于共识。但这一争议性的表述似乎与我们的现实认识相背离，这也成为很多人质疑比特币等加密货币的一个重要原因。与其凭空创造价值，我们为何不直接将加密货币的价值与现实中的资产绑定呢？这就是我们今天要聊的资产上链。

要理解资产上链，我们可以引用国内最早的比特币线上社区巴比特论坛创始人长铗的观点，他将资产的流通分为三种状态：资产权益化、资产证券化及资产上链化。

资产权益化是物变为资产权益的过程，最为直接的例子就是住房。住房诞生之初只用于居住，后来人们逐渐产生了交易的需求，于是诞生了房契、地契用以表征对住房所拥有的权益，这一方式延续至今成为我们手中的房产证。资产权益化的重点仍在于证明权益标的持有者对资产的持有权，流动过程相对固化，可比喻为固态的资产。

资产证券化则是将资产变为可流通的股票、债券、收益权等广义的证券。与权益化的资产不同的是，证券化的资产更加注重流通属性，证券可以进行有限的切分，在一定的交易场所及特定的时间内进行交易，互联网的诞生让这一过程更加便捷。证券化的资产流动性更高，但仍然受到切分下限、交易场所等的限制，可将其比喻为液态的资产。

最后，再来介绍我们今天的主角，资产上链化，通过区块链技术的应用，让资产与链上价值标的绑定，资产的登记、交易、结算等均发生在链上，流通完全不受空间、时间及场所的制约，并且可以无限切分流通，资产的流动性最强，可被称为气态的资产。从概念上来说，资产上链可以认为是资产证券化的功能延展与创新，不仅提高了资产的流动性也体现在资产的类别及处理方式上。

资产证券化所对应的通常为实物资产，通过中心化的专业机构将实物资产确权、估价、托管后进行证券分割并流通。但随着互联网的兴起，很多无形的资产类型如课程、技能、文章、新媒体、游戏装备等大量诞生，这一系列资产同样具有流通的需求，但其无形特质导致其识别、登记、确权、托管等操作并不适合依托中心化机构进行，资产证券化不再适宜解决这些虚拟资产的流通问题。区块链及智能合约技术的应用，让资产上链不仅适用于资产证券化所对应的实物资产，更可帮助这类虚拟资产实现去中心化的确权、溯源、防伪及高效的链上流转。

如今资产上链的案例已有很多，号称打造区块链新城的雄安新区已经基于区块链技术搭建了链上平台将工程管理资金上链，湖南娄底市同样在今年试运行了不动产登记上链项目，而公有链项目中也诞生了一些主打资产上链的应用并取得了一些应用落地，如巴比特论坛于 2017 年发布的比原链及基于以太坊网络开发的哈希未来等。

资产上链的理想可谓丰满，但现实却很骨感。稍加分析即可发现，对于现实资产，无论是权益化或证券化，均绕不过法律和中心化机构的参与，人力操作的不确定性及资产形式的多样性不仅导致效率低下，同时令结果的可靠性大打折扣，而现阶段的现实资产上链技术往往同样依托法律及中心化权威机构，并且需要承担额外的 IT 成本及合规风险，似乎并没有改变问题的实质。对于区块链所独有的虚拟资产上链应用，问题同样突出，去中心化的区块链系统仅可存证而不能辨别，一旦上链存储的虚拟资产并非申请人所有，在不可篡改的区块链上将永久留存且没有修改的可能，这又会引发很多新的问题。

针对上述问题，很多技术团队也在探索区块链与人工智能、物联网等融合的技术，期望运用自动化手段实现资产自动化确权，通过技术的成熟应用倒逼法律制定。这一过程理论上可行也是目前唯一有望实现的方法，可是实际操作中依旧难度巨大，即使技术完善，短期内还要面临既得利益者如金融资管从业者的抵制。但放眼更长的时间线，真正阻碍科技进步的只有科技本身的不完备，面对短期的乱象与苛责，不必丧失信心，只要人类文明的发展方向依然是整体向前，资产上链的未来就依旧光明。

6.4 真正的共享经济

共享经济这个词相信大家都不陌生，从遍布大街小巷的共享单车到出行必备的滴滴再到最近的共享充电宝、共享雨伞，不知从何时开始，我们的生活中似乎处处有共享经济的影子。

共享的概念古已有之，邻里间的互借东西、朋友之间分享信息都是共享的范畴，这样的共享受限于地域和交际圈，范围较为狭窄，通常是熟人间的无偿分享。随着互联网的出现，各种论坛、社交网站开始兴起，网络上的陌生人基于同样的爱好互相分享资源与信息，空间和交际的界限得以打破，但这种纯线上的共享只能传递虚拟信息，通常也不会有金钱回报。而我们现今所津津乐道的共享经济缘起于美国教授 JoeL Spaeth 1978 年的一篇论文，指的是个体通过将自有闲置物品的使用权、知识经验等通过信息化平台分享出去获取收益的经济行为，通过将共享的行为与经济收益挂钩，不仅让共享者更加具有原动力，也能在大范围的价值流通中创造更多价值。

世界范围内的共享经济大热发生在 2010 年左右，随着移动互联网技术的发展，Uber、Airbnb 等一系列共享平台兴起，共享的内容也从早期的无偿信息分享向有偿的实物使用权及服务共享转变，软硬件技术的发展提供了更好的包容性和用户体验，让陌生人间大规模的实物共享成为可能。

随后入场的中国凭借人口红利和模式再创新，将共享经济推向了一个新的风口，不仅有滴滴出行、共享单车等物权共享软件，还诞生了猪八戒网等技能服务共享网站及 P2P 共享资金平台。现时的共享经济已经有了新的定义，专指整合线下闲置物品、服务者及资源通过网络平台有偿分享的商业模式。

在疯狂的资本推动下国内共享经济项目以空前的速度上马融资，一度似乎万物皆可共享，但尘埃落定后的一地鸡毛也在所难免。2018 年是国内实物共享经济轰然崩塌的一年，P2P 借贷集体暴雷，曾经百家争鸣的共享单车只剩小猫两三只，共享雨伞、共享篮球、共享睡眠舱等项目更是在资金链断裂的边缘，沦为资本风口上的牺牲品。究其背后原因，除了一部分失败项目事实上是打着闲置共享旗号的中心化租赁平台外，更多原因在于平台收入不足以支持高昂的成本，也有人据此提出观点认为共享经济根本就是伪命题。

抛开争议回归本源，让我们来分析共享经济的实质：通过将社会上分散的闲置资源的使用权共享给需要的人换取收益，共享行为发生于陌生人之间，两大核心理念是"资源不使用即浪费"以及"所有权与使用权分离"。

现实操作中，分布于各个地区的陌生人无法直接建立信任关系，因而需要通过相应线上平台建立信任并点对点共享资源，平台作为一个中心化的存在承担了点对点共享的中介角色收取服务费，同时需要完成供需对接、信任背书、合约制定、监督执行等工作。整个过程中，共享平台完全由企业操纵，成本高效率低，与其说是共享经济不如说是依托中介类企业的聚合经济。

中心化平台并非天然必要，如果我们能够设法解决共享两端的信任问题，完全有可能消除中介，实现真正点对点的共享经济流转。区块链技术的出现，让这一构想成为可能，事实上，"区块链＋共享经济"也是目前业界关注的一个重点方向。

运用了区块链技术的共享经济模型中，参与者只有资源需求者与提供者两方，双方通过区块链技术桥梁建立互信，通过智能合约构建一个自治的生态系统，可以大幅降低中间成本，公开透明可溯源的账本形成了共享双方天然的信任背书，交易时间戳的存在则为后期解决可能的纠纷提供了存证。

然而，"区块链＋共享经济"在实际操作中仍然会面临一系列问题。第一个风险点在于共享资源的类型可能会影响结合的难度，金融共享、知识分享等项目所涉及共享的资源完全存在于线上，天然适合应用区块链技术降低信任成本并依托智能合约自动执行。而共享出行、共享空间及服务共享等项目想要与区块链技术结合，关键点在于线下的实物信息及服务如何与区块链链接并同步，通常需要物联网乃至人工介入等其他手段支持以确保共享资源真实可用。第二个风险点在于技术本身，区块链分布式的特性决定了效率无法达到中心化服务器水平，对于需要高频交互检索的共享平台而言，区块链网络搭配中心化查询节点的设置可能更加合理；同时，去中心化自治平台的前提是参与者双方能够针对每一笔交易定义双方均认可的智能合约，这对参与者技术能力要求很高，在现阶段并不可行。第三，区块链共享平台依然涉及开发者责任及纠纷判定等法律问题，早期没有清晰的法律权责认定，一切设想都将是空中楼阁。

现阶段，基于区块链技术的共享经济落地均集中在虚拟线上资源层面，如迅雷发布的玩客云共享 CDN 服务及 IPFS 的共享存储计划。涉及线下实物资源的区块链共享业务虽然蓝图美好，但受制于上述原因实际落地之路依然漫长。不可否认的是，区块链与共享经济本质上的共通性决定了二者结合的可行性，随着技术进步的不断迭代，以及法律环境的不断发展变化，未来的共享经济必将搭上区块链技术的顺风车，以一种全新的形态呈现在我们面前。

6.5 区块链助力大数据经济

如果捋一捋近年来最热的科技名词，我们一定不会错过一个概念——大数据。身处数字化时代，数据的重要性毋庸置疑，有人将其比作 21 世纪的石油。马云更是公开表示：21 世纪的竞争是数据的竞争，谁掌握数据，谁就掌握未来。科技的进步让我们的生活纷纷数字化，世界上每时每刻都诞生着海量的数据，这些数据形式多种多样、信息量十分庞大，很难用传统方法进行捕捉、管理和处理，但又具有很高的潜在价值，这类数据我们称为大数据。

大数据的价值核心并不因为数据体量的庞大，而在于基于海量的数据信息如何挖掘处理得到最终的价值信息来实现最终的商业变现。整个价值挖掘的过程需要应用云计算、人工智能等多种高新科技手段，海量数据、多种分析手段及最终的商业价值落地构成一套完整生态圈，我们称之为大数据经济。

作为随着移动互联网兴起而诞生的一个新概念，大数据技术的发展速度可谓迅猛，现如今包括阿里巴巴等在内的很多科技企业已经将大数据提高到整个企业未来发展战略的高度。这背后不仅折射出技术概念的前瞻性，更源于众多企业在大数据技术应用中尝到了实际的甜头。相信很多人在使用智能手机的过程中都会发现，手机中各种 App 推送的新闻、广告等往往是最近关注或需要的，对于这类推送，我们会有更高的概率点击进入，这期间就涉及大数据的一大落地应用场景——用户需求分析。每个互联网用户在网上的各类行为汇总成个人大数据信息，通过技术分析可以提取该用户的各维度特征，基于这些特征可以实现新闻、广告等的个性化推送，提高推送成功率，这对广告营销行业意义尤其重大。

个人的大数据信息固然实用，更大范围的群体大数据信息同样可以创造价值。依托群体大数据信息，德国等多个国家和地区优化了现有的风电、太阳能等的建设方案；沃尔玛改良了飓风前的销售策略，营业额大幅突破；谷歌公司更是在 2009 年成功通过社交平台的大数据信息提前两周预测了 H1N1 型流感的传播。

大数据的出现无疑让我们的生活更加便捷，但与此同时，也导致了一些新的问题。第一个问题在于数据隐私，大数据信息来源于每个人在互联网上留下的蛛丝马迹，人们的大数据信息被互联网巨头搜集分析并商用，整个过程中数据的隐私管控及利益难以界定，2017 年百度公司就被爆出旗下百度黄金眼服务侵犯用户隐私权，当越来越多的普通民众意识到自己的隐私被侵犯，必将采取相应技术手段预防，这对整个大数据经济产业的打击将是毁灭性的。第二个可能的问题为数据安全，大数据信息被集中收集管理在某大型互联网公司内部数据库中，这无形中成为黑客乃至监守自盗者眼中的"肥肉"，此前就发生了北京某上市企业盗取 30 亿条公民信息并售卖的负面新闻。第三，大数据技术加剧了互联网公司与用户的信息不对等并引发了数据歧视，国内某旅游网站就出现了同样一间房针对不同用户不同定价的事件。

现阶段大数据应用面临的种种问题，根源在于互联网的中心化逻辑。互联网巨头如谷歌、Facebook、百度等公司拥有海量用户，垄断了大数据的源头，在马太效应的影响下，过度中心化的原罪必然显现。

那么去中心化区块链技术的引入是否能够让大数据经济发展更加良性呢？答案是肯定的，区块链的底层逻辑天然反中心化，通过更适宜的技术逻辑倒逼垄断巨头转型。对于上述提到的大数据经济面临的三大问题，通过在大数据信息采集过程中引入区块链的激励机制，可以让普通用户共享数据繁荣带来的红利，从而更愿意参与其中，数据规模大幅提升。分布式存储及分布式计算等技术的应用令数据处理过程更加安全，公开透明可溯源的账本进一步提高了个人及公司的作恶成本。

智能合约的应用不仅可以监督数据脱敏，更能打破现有数据库之间的信息壁垒，实现更大范围的数据资源共享与流通。事实上，如今已有一些区块链项目将主攻方向锁定在大数据经济方向，如主打个人大数据共享的公信宝及旨在建立去中心化大数据交易平台的量数链项目等，大数据经济从海量信息中提炼出了价值，而区块链技术让大数据产生的价值在更大范围内流转起来。

区块链与大数据的结合通过对大数据信息供给侧、流通层和需求侧的逻辑重构与资源优化，让源头更加多元化的大数据信息在更大范围内流通，从而创造更大的价值。

6.6 能源区块链

能源是地球上所有人类活动运转的基石，能源行业也是伴随着人类文明发展的古老产业，每一次人类科技水平的大幅提升都伴随着能源结构的变化。蒸汽机的出现使得煤炭成为重要的工业能源，内燃机的成熟应用则标志着世界能源进入了石油时代。通常我们将煤炭、石油、木材等这类自然界天然存在的能源储备称为一级能源，而之后出现的电力、氢气等则无法从自然界直接获得，需要依靠消耗一级能源进行转化得到，则称为二级能源。电能的大范围应用已经有一百多年的历史，但现阶段大部分的电能依旧是通过燃烧化石能源推动发电机运转得到，我们事实上仍然处于石油能源时代。

从中东的能源贵族到山西的煤老板，化石能源时代这一行业一直是诞生顶级富豪与超级企业的沃土。这不仅是资本运作的结果，也与化石能源的存在及利用方式有关，化石能源通常以煤炭、石油、天然气的形式集中存储于地下某些区域，资源较为集中、开采成本高，天然适合巨头垄断，化石能源的储备俨然已经成为国家实力的一部分。

然而，化石能源事实上是地球上的古生物残骸在地下特殊环境作用下经过上亿年的时间才形成的，对于人类短短几千年的文明历史来说是不可再生资源。尤其是近年来人类文明高速发展，地球上的化石能源已日渐枯竭，化石能源的污染问题也已经威胁到了全球环境，人类迫切需要一些新的替代资源，目前探索具备可利用价值的替代能源有很多种，如太阳能、风能、地热能、潮汐

能、核能等，这类新兴的非常规能源统称为新能源。

相对于化石资源，种类多样的新能源具有无污染、可再生等优势，被认为是理想的未来能源。实际应用中，各类新能源由于直接利用的难度过大，为了便于采集使用，通常采取就地转化的方式转化为清洁且易于转移的电能输送到各地。全球电力供应中新能源的占比依然日渐提升，国家层面大力鼓励新能源发展，制定了大量配套补贴及优惠政策。

与此同时，考虑到化石能源的燃烧已经威胁到了地球整体环境，1997 年全球 100 多个国家针对化石燃料释放温室气体导致全球变暖的问题签订了《京都议定书》，对各国经济发展中应用化石能源而产生的碳排放进行了限额。2005 年，《京都议定书》正式生效后，碳排放权开始正式成为一种权益商品在国际市场上流通交易。

新能源的诞生与发展不仅威胁传统能源巨头的垄断地位，也颠覆了现有的能源管理模式。除了通常是国家行为核能发电项目外，风能、潮汐能、水势能、太阳能、地热能等能源形势往往依赖特定的地理位置与环境，能源开采门槛较低，使得新能源开采的空间分布及权益归属更加分散。新形势意味着新挑战，如何妥善管理如此之多的新能源开采单元，新能源权益及背后的价值如何更好流转，现有的中心化能源管理模式依然捉襟见肘，能源行业急需管理革新。

区块链技术的出现为新能源供给结构管理提供了新思路。随着能源行业变革的进一步展开，依托小型水电站、地热站、光伏电场等新能源形式而存在的小型能源供给者大量出现，他们既是能源供给者又是消费者，他们的利益如何保障直接关系着这场能源行业革新的成败。现有的能源管理模式过于依附于中心化管理机构或大型企业，管理方式单一，信息传递低效，能源消费者与小型供给者的主动权与参与度极低。区块链技术的去中心、去信任、公开透明特性天然适用于当下能源行业的改革需求，可以在众多方向发挥作用。

事实上，如今世界上已经有上亿美金投入 100 多个能源区块链的应用研究中，入局的不仅有 IBM、壳牌、西门子等传统巨头，也有很多新兴的科技公司。

能源区块链的现阶段研究涵盖了分布式能源、电动汽车、能源交易平台及碳追踪与注册等多个领域。分布式能源研究主要应用区块链的分布式记账特性与分散的能源供给方链接，通过算法驱动下的智能合约实现能源供应的实时调整与平衡，IBM 已与荷兰电力公司开展了相关试点项目，让家庭光伏用户将家庭多余电量出售给电网以保障电力供应。电动汽车逐渐成为市场主流，如今私人所有的充电桩、停车位等配套设备的有偿共享、信息采集及其背后的能源消耗计费也是区块链的一大热门应用场景。

现有的能源交易方式极为低效且粗糙，区块链技术的加入可将分布式能源网络各节点所创造的多维度价值如电费、政策补贴、碳排放权益等代币化并参与流通，合理的激励机制下能够让更多用户参与新能源供给。最后，如今的碳排放评估算法较为粗放，很难反映真实情况，区块链的出现可以让碳排放测定过程更加准确、透明、即时，并进一步降低集中管理成本。

能源区块链具有很大的想象空间，但现阶段还处于起步阶段，这不仅在于技术本身不够成熟，也有技术以外的政府政策、供应链生态等相对滞后的影响。能源区块链要真正大规模商业应用依旧需要行业内外从业人员齐心协力共同发展。

6.7 文创区块链

之前我们介绍了区块链在很多科技领域的应用，今天我们放松放松，来聊聊最近大火的文化创意产业。

文创产业是一个国家商品经济发展到一定程度的产物，物质资料的丰富让人们更加注重精神层次的体验，在欧美发达国家其发展较为成熟，国内目前处于起步不久但发展强势的状态。关于什么是文创产业，国内的定义并未完全明确，通常指的是以文化、创意理念为核心，借助技术手段对文化资源、文化产品进行改造与提升而产出的高附加值产品，产品包含广播影视、动漫音像、视觉传媒、艺术设计、广告传播、文化生产等多种形式。

简单地说，文创产业的核心就是将个人的创意内容产品化，从一个动漫形象到一本小说的写作，从一个创意机械到一段原创音乐，脑海中无形的创意与想法借助产品的形式为大众所知并体现自身价值。中国文创产业的爆发源于互联网的兴起，网络的快速传播特性让创作的门槛更低，越来越多的人选择通过互联网分享创意与观点聚集粉丝流量获取收益，也就是我们所说的网红经济。文创尤其是网络文创的发展进一步催生了很多新的附属产业，如网络引流、广告管理、自媒体，同时也创造了大量的岗位需求。

毋庸置疑，文创产业的高速发展为很多人带来了机遇，但在此过程中也暴露出一些发展中的问题。首先在于内容版权。文创内容的形式多种多样，侵权事件取证难度大，而国内的版权保护相关法律并不健全，进一步增大了侵权维权的难度。文创版权不仅维权难，交易更难，私下的版权交易往往出现双方难以互信而无法成交的情况。版权的维护及交易问题是文创产业最为核心的矛盾点，如果不能解决，可能直接威胁整个行业的发展。

文创业的繁盛推动了网络广告业的兴起，但百度等网络流量巨头掌握了广告的投放入口。广告投放方只能选择巨头平台，在此过程中既要承受巨额中间费用的压榨，还要忍受可能出现的广告流量欺诈，最后对于投放效果的滞后反馈也只能无可奈何，这也是文创产业目前的另一大痛点。

国内的文创产品很多依靠互联网进行广泛传播，这一过程中除了需要互联网平台的支持，也必然涉及内容的创作者及用户。创作者创作优质的文创产品为用户提供内容服务，用户则通过对喜爱产品的浏览与分享为产品带来流量与曝光度，二者相互依存。但在此过程中存在一个变现难的核心矛盾，创作者通常需要积累到一定的人气与稳定流量后才可能将自己的文创内容变现，而用户在此过程中通过浏览与分享贡献了流量却无法得到任何收益。

以微信公众号为例，公众号的运营者需要花费大量的精力吸引粉丝，当粉丝和阅读数达到一定量之后才有可能对接软文或广告，而早期粉丝稀少时没有任何收益。而事实上，正是海量的这类没有收益的普通公众号成就了微信公众号平台的流量霸主地位。与此同时，所有的公众号阅读者都在无偿贡献着自己的流量与点击让公众号成为移动端广告巨无霸平台。如果有办法让所有文创内容创作者与用户共同分享部分平台收益，将会造就一个更加活跃和健康的文创内容生态。

上述这些问题之所以存在至今并愈演愈烈，主要原因在于互联网的中心化逻辑所造成的信息不对等和流量垄断。区块链的出现提出了另一种全新的思维方式，对于内容版权问题，其核心在于缺乏可信的第三方公证，区块链的时间戳功能配合公开透明的账本天然适用于版权存证，为后续的追责乃至交易提供基础，最高法在 2018 年 9 月更是发文认可了区块链证据的法律效力。

针对互联网广告业的现状，DATA 等区块链项目已经提出了相应的解决思路，通过构建一个公开透明的广告服务平台，消除中间商差价的同时让广告商实时获取真实可靠的广告投放反馈。

　　至于上述第三个问题，则涉及区块链的一大热门应用，基于区块链技术的内容激励，其逻辑是将用户的每一次点击、浏览等行为精确地记录，并通过加密货币的方式给予价值奖励，而内容生产者同样可以在用户对自己所生产内容的每一次点击浏览中即时获得收益。整个过程通过区块链智能合约自动执行，信息公开透明存储于区块链上。最早的内容激励区块链社区项目是 BM 大神发起的 Steemit，2015 年上线以来，凭借着独创的创作激励机制，Steemit 从博客等传统互联网内容生产平台抢占了大量的创作者资源。Steemit 的成功吸引了众多效仿者，较为成功的有币乎、ONO、Ulord、Yoyow 等。

　　目前，越来越多的文创产品借助区块链进行突破与创新，当然任何一种新的尝试都可能面临失败的风险，但如果因胆怯而放弃任何新的尝试，那么将会面临更大的危机。

6.8 航运业的区块链应用

当我们在谈论区块链的应用时，往往会陷入一个误区，认为区块链在各个领域都应该能够碾压现有的互联网中心化解决方案。事实上，区块链与互联网作为两种技术解决方案，并无优劣之分，中心化手段效率更高、技术更为成熟，但相应的信息可信度较差，区块链的分布式特性虽然保障了信息可信却存在效率相对低下的短板。

如果现实中某应用场景采用现有中心化手段的信任成本较高，对处理效率也没有严苛要求，则可以适用区块链技术改造。区块链的分布式特性与现实生活中的各类分布式信息系统天然契合，这也是区块链应用落地的重点领域。此前提到过的分布式能源系统可以应用区块链技术实现产业升级，而我们今天要介绍的航运业同样适用区块链技术改造。

航运业与海洋息息相关，通常用以表示通过水路进行人、货输送的过程，其业务逻辑决定其颇具全球化特性，同时又是一个非常传统和古老的行当。作为一个 B2B 的庞大系统，航运业虽然离普通大众貌似较为遥远，却在整个国际经济中扮演着不可或缺的角色，是国际物流供应链的重要一环，其细分场景极为庞杂，所涉及环节极为琐碎，在整个价值链中，跨区域管辖的复杂性、低流动性、融资限制、价格发现功能低下及形形色色的中介信息不公开、非透明、高价佣金等问题一直困扰着所有的行业参与者。

区块链技术具有信息加密、不可篡改、分布式记账的特点，配合智能合约、激励机制的应用能够极大地降低信任和流转成本，充分调动参与者的积极性、主动性及最大化参与度。区块链技术这些与生俱来的优势，将进一步提高行业效率、优化交易流程，对航运生态圈的发展产生重要而积极的影响。

当前，航运业对区块链技术的应用正在如火如荼地进行中，航运企业、金融机构、物流公司、贸易商及不断涌现的初创公司都在拥抱和尝试"区块链＋航运"的模式和应用场景。世界上最早探索区块链在航运方面应用的项目来自一家以色列公司，该公司于 2015 年首次引入区块链技术，主要用于航运提单管理。

随后，2016 年出现 7 个项目，2017 年出现 16 个，2018 年（截至 9 月底）出现 20 个，涵盖船舶资产买卖、提单、集装箱追踪溯源和共享、订舱押金、航运运费支付、贸易融资与信用证、海事保险、船舶登记、货物追踪与优化供应链、船舶燃料追溯、对接"一带一路"、匹配货运需求与供应、实现航运物流自动化、追溯第三方物流合作方的服务和集装箱租赁等 15 个细分应用场景。

2018 年不仅是区块链落地应用的爆发元年，同样也是航运区块链的大举发力之年，如果说此前入局的航运企业体量均相对较小无法代表整个行业的主流，那么 2018 年几大巨头在区块链领域的积极探索则代表了整个行业的方向性选择。

2018 年 1 月，IBM 和丹麦运输物流巨头马士基联合组建合资公司，合作开发应用区块链技术的全球供应链平台。仅两周后，全球最大船级社 DNV GL 宣布与唯链携手运用区块链技术提升产品与供应商信息的透明度，并大幅提升供应链效率。全球最古老的船级社英国劳氏在 9 月份推出基于区块链的船舶登记注册系统，加速船舶注册流程效率的同时进一步保障了船舶登记信息的可靠性。

中国大陆首家航运区块链平台 MarineX 2018 年 9 月正式成立，经过前期的详细调研，将第一阶段发展目标聚焦在航运集装箱共享这一细分场景，通过集装箱作为纽带连接物流供应链整个环节中包括工厂、贸易商、零售商、承运人、货运代理、仓库堆场、集卡运输、港口、银行、保险公司、集装箱制造、维修、租赁和船东在内的所有参与方，旨在利用物联网、人工智能与区块链等数字技术，提高集装箱的使用效率，降低全球的空箱调运成本，打造全新的集装箱商业业态。如果项目顺利实施，据保守估计，每年可为整个行业节省约60亿美元空集装箱调运成本。

航运业的历史可以追溯到数百年前的大航海时代，作为一个古老的行业，其业务流程相对于其他行业，更加注重实践，较强的专业性与资源壁垒使其应用范围往往具有很强的内向性，同时航运区块链往往对系统稳定性、数据处理效率、合规性及核心隐私保护更加看重，因而通常较为适用联盟链或私有链等无币区块链手段。

区块链技术为航运业带来了效率提升及数字信用背书两大核心改造，通过让行业各方在更加公开透明的数据环境中互通有无可以达成更加高效有力的合作，用技术的手段降低行业信息孤岛所带来的摩擦内耗，为这个古老的行业注入现代科技的新鲜血液。

当然，在此过程中，必然存在着诸多阻力与反复。与其他行业类似，航运业拥抱区块链最大的阻力同样来源于行业本身。数百年来建立的庞大航运系统在养活了大量从业者的同时对于改变也有着天然的抵触，大量依托于系统的低效而存在的机构和个人手握大量资源，必将成为新技术革新的一大阻力。各国政府、行业协会对于航运管理的相关法规及条款的滞后性也是推行航运区块链改造途中的拦路虎。

但历史的趋势不可违背，航运业的内生需求决定了必然会诞生相应的新技术解决方案，数字时代的到来对行业乃至整个社会都是冲击与机遇。在这场变革中，能否紧跟时代的脉动，将决定着个人、企业及国家在未来的行业地位与话语权。可喜的是，2018年11月的中国国际进口博览会上，包括多家中国央企在内的10家航运业巨头共同签署意向书，联手打造航运业首个区块链联盟，标志着区块链将在接下来很长时间内成为航运业技术改造方向的重要选择。

（本文感谢 MarineX 联合创始人兼 CEO 齐银良先生提供素材支持）

6.9 区块链人力资源管理

　　人力资源管理是现代公司运营中的重要一环，旨在通过应用招聘、培训、考评、报酬等手段实现人力资源的优化配置。这一面向感性对象的行业似乎与区块链不会有太多的交集，但事实上，已经有越来越多基于区块链技术的人力资源管理产品和公司出现。今天我们就来探讨一下区块链在人力资源领域都有哪些跨界应用。

　　人力资源管理以企业内外人力资源作为管理对象，其核心在于"人"的价值发掘、激发与调配，在此过程中，管理者需要应用一系列辅助工具手段配合主观评判做出综合决策。与企业管理中其他门类相比，人力资源管理的主观性更强，可变因素更多，标准化的难度也更高。

　　随着计算机与互联网技术的普及，人力资源管理领域同样涌现出一批电子化工具，但由于其业务核心逻辑并未改变，大量企业和 HR 对"员工"这项资本还在进行"单式记账式"的简单处理，导致了招聘背调繁冗、人员流动率高等诸多问题。

　　区块链的出现对于人力资源行业不仅提供了一种全新的技术工具，更是带来了核心业务逻辑的优化。落实到具体业务中，区块链可在职业背调、灵活用工、员工激励和合同存证等多个层面帮助人力资源管理实现整体行业升级。

　　对应聘人员进行职业背景调查是每个人力资源管理人员的必备技能，但实际操作中由于信息渠道的闭塞及企业壁垒的存在，往往因无法对应聘人员所提供材料的真实性和全面性进行验证，或者验证成本过高，只能依据个人履历或者一段简短面谈进行判断。这进一步助长了部分应聘者虚增薪酬、夸大工作业绩、虚报任职背景、虚构教育培训经历等造假行为，导致企业招聘需要耗费更高的筛选成本却很难取得应有效果。

借用区块链技术的不可篡改性，结合智能合约可构建一套通用系统用以采集并实时记录个人的职业档案，较之传统档案与个人履历其精确性、真实性和可读性都得到了大幅提升，企业招聘过程中同样可以应用智能合约对电子化的应聘者信息进行自动筛选，实现更加高效的招聘管理。

区块链技术在招聘领域的应用保障了应聘者和企业的双方利益，也涌现了一批落地应用案例：早在 2016 年英国公司 APPII 就搭建了全球首个区块链简历验证平台；国内的职业链项目则选择与腾讯公司合作，依托后者的数据资源构建基于区块链的职业信用生态平台。学历及成绩造假同样是招聘中可能面临的问题，针对这一情况，麻省理工学院率先将区块链技术应用到学位证书发放过程中，并已开展小范围试点。

随着科技的进步，轻量化、智能化的高附加值岗位已成为就业趋势，员工多点就业、企业灵活用工的呼声也越来越高。这种众包式的合作模式在提高员工单位时间收益的同时降低了企业成本，但与之相应的是所需管理精度与结算工作量的大幅上升。对于新模式带来的新需求，传统的中心化解决方案可以应用但效率偏低成本较高，这一情况更加适用区块链的去中心化处理逻辑。Gems 就是基于这一趋势打造的一款去中心化微任务众包平台，基于区块链底层技术打造，让企业在零散需求上无须养人，员工自由择业，智能合约的应用不仅保障了合作双方条款的执行，同时也提高了结算的效率与精度。

员工激励作为现代企业人力资源管理工作中的重点和难点，由员工考评和相应的激励措施构成，后者不仅包含常规的资金报酬，也囊括员工内部股权激励、内部积分激励或者其他更加多元的权益化激励形式。在此过程中，员工考评过程是员工与管理者矛盾最为集中的领域，其根源来自考评规则的不同理解以及执行过程中的主观影响。传统的考评管理方法不论是基于书面或是电子化工具，其规则均基于自然语言表述，虽便于理解但易造成千人千面的解读，规则的余量过大导致最终离不开管理者的主观决策。区块链的引入可以改变这一现状，通过将所有考评制度转化为确定性代码可消除理解偏差，基于该确定性规则可以通过智能合约保障后续措施的执行。

随着企业管理的日趋精益化，越来越多的企业选择向员工提供资金薪酬以外的各类权益化激励，如内部积分、内部股权等，以维持员工忠诚度和归属感。但中心化的管理方式使得应用该办法的企业往往会面临员工股权固化、分配过程不公开透明、权益无法点对点流转等问题。区块链智能合约的出现提供了更为有效的工具，通过代码化规则的公开部署及员工权益的通证化映射，员工权益可以在不同成员间无损耗点对点流转，权益的分发与流转过程公开可查，员工体验感进一步提升。

最后，劳动合同纠纷同样是人力资源管理者经常面临的问题，对于劳动合同等相关的管理大部分企业目前依旧采用纸质归档方法，不仅安全性难以保障，也存在着被篡改的可能，而基于纸质文档的简单电子化存档同样难以证实自身逻辑公信。天生具备不可篡改性的区块链技术应用到电子合同存证领域不仅技术上逻辑自洽，同时也已经得到了官方法律的认可，更可以通过智能合约的配合使用进一步降低合同的执行成本。

虽然现阶段区块链技术尚未对人力资源行业造成太大的冲击，但随着技术的进一步迭代以及生态影响力的扩散，区块链必将从更加全面的维度影响、改造甚至重塑这一古老而又现代的行业。

第 7 章　未来篇：区块链未来发展之路

7.1 区块链赋能：从财富掠夺到价值创造

2018 年的币圈有点难熬，从去年圣诞节开启的暴跌似乎并没有停止的意思，一度冲高 2 万美金的比特币回到了 4000 美金，第二把交椅的以太坊也受制于 TPS 而陷入 DAPP 日活跃量稀少的尴尬境地，价格同样一路走低。2017 年风光无限的加密货币团队纷纷噤声，上半年热炒的各大超级节点团队也均惨淡经营。

有人说，比特币的泡沫终于破灭了，也有人援引比特币诞生历史上的多次暴涨后暴跌认为这是常态。争议加密货币市场的未来走势没有任何意义，零和市场下的投资只能是资本、信息占有方依托不对等优势的财富掠夺游戏。

与币圈形成鲜明对比的是，主打区块链落地应用的链圈依然热度高涨。"币改""链改""票改"的概念层出不穷，各地区块链产业园纷纷加紧建设，国家更是明确提出区块链要附能实体经济。加密货币的热潮褪去，让更多人开始回归理性和技术本质。

区块链技术作为一个复合的概念，具有去信任、去中心化、匿名隐私等特点，结合智能合约被很多人称为生产关系的工具。但很多初学者在简单了解技术逻辑后，往往会产生一个疑问：区块链技术逻辑似乎很简单，真的有如此高的价值？到底该如何应用？

关于区块链技术如何赋能实体、创造价值，笔者认为可以分为三个阶段。

第一阶段是现在的状态，可称为技术赋能。借助区块链技术的某种特质配合现有的技术基础解决现实中的技术痛点。放眼现阶段各大行业对区块链的研究，更多是囫囵吞枣式的应用试水，难脱开传统的业务逻辑。以金融行业为例，各大银行和金融机构跑步进场，区块链技术似乎可以实现金融领域的接近全产业链覆盖，但从供应链金融到跨境清结算，从资产托管到金融审计，所有的应用均不抛开原有模式，区块链的应用价值主要在于消除中间环节降低业务成本。其他领域的区块链应用同样有这种特点，区块链技术确实能够改良某些技术散点实现更高的流转效率并且降低信任成本，在公证登记、文化创意、数据经济等行业业务过程中如今也已有了众多应用案例。

技术获得落地固然值得欣喜，但号称革命性的区块链如果只能帮助现有业务系统做点修修补补的小升级似乎有点名不符实，这就要提到区块链赋能的第二个阶段，笔者称其为思维改造。互联网技术的大范围应用下诞生了互联网思维，互联网思维的核心是用户、数据及生态，或者可以更简单地概括为流量。流量作为总量有限的稀缺品，直接决定了互联网公司的主要收益，而技术层面的中心化特质决定了互联网公司与用户间必然是层级关系，信息不对等下的用户作为流量贡献者只能被动向流量巨头靠拢，马太效应作用下互联网环境中必然诞生各领域的巨头垄断，巨头一旦作恶，用户即使不满也别无选择。

区块链技术的特质催生了另一种截然不同的思维方式，可称之为区块链思维，这与互联网思维有本质的不同。互联网思维通过产品规则的制定管理用户，实现内部闭环，就好像牧童放羊，羊群只能在牧童限定的范围内活动吃草，牧童一边修建篱笆防止羊羔外逃一边投喂美食吸引别处的羊羔，而所有的成本实际上都出自羊群。然而，现实世界中，每个个体都不是头脑简单的羊羔，我们渴望被公平对待而不是被管理，我们希望在不满意的时候说不而不用付出过高的代价。区块链思维的核心就是通过激励机制的设计，将包括用户在内的所有利益相关成员绑定在一起，从而激发所有成员的主观能动性，没有牧童与羊群之分，所有人均为共赢的合作关系，用户从被迫接受向主动参与转变。这一平权化的思维方式更加符合现代社会现状，也可以创造出更加公平的竞争机制，其诞生与广泛应用是区块链赋能进入成熟期的标志。如今还暂未达到，这种思维指导下的产品顶层设计更加注重产品本身的质量而非流量至上。到了这一阶段，顶层设计的意义已经超越了技术本身，在某些场合应用传统互联网技术同样可以达到平权共赢的目标。

　　第三个阶段是区块链赋能的终极目标，通过区块链技术与思维的应用实现全生态的革新升级。生态的建成不仅依托底层技术的演进，更离不开整个社会文明程度的提升及其他技术以外因素的影响，并非一朝一夕之功。互联网生态的建成花费近 30 年的时间，从 20 世纪 90 年代的泡沫式发展到千禧年的泡沫破裂再到蛰伏十年后的强势回归席卷全球，互联网的历史可能也折射了区块链生态的未来发展。暂时的波折并不妨碍区块链赋能未来的伟大意义，这种富有平权色彩的技术逻辑与思想方式所造就的全新的生产关系革新，将进一步助力人类文明的发展与演进。

7.2 区块链重构现代企业

现代企业诞生于大航海时代，具有数百年历史，是现代人类社会商业行为最为重要的行为主体。数百年间人类创造的各类高新科技从概念诞生到商业落地均离不开一系列企业的幕后推动，而企业的组织架构和业务逻辑也随着科技的演进而发生着变迁。互联网作为信息革命的代表技术，催生出一个完整的行业，更是改变了几乎所有现代企业的运营方式，而我们如今所面临的区块链革命，又会从哪些方面影响和重构现代企业呢？

区块链技术作为机器信任的开创者，对现代企业的颠覆与重构是全方位的。其影响首先表现在对各行业的冲击上，现有行业的业务逻辑和技术路线将被颠覆，行业内各方的利益关系得以重构，技术的革新将引领生产关系的大洗牌。在这波冲击中反应最为迅速的是以高效著称的金融行业，区块链加密账本的优越性在金融业价值传递的过程中得以充分体现，实打实利益驱动下的热情高涨实属必然。相对而言，金融以外其他行业对区块链的态度则更加耐人寻味，这用外热内冷形容可能更加的贴切。拥抱变革的口号喊得震天，实际落地却是隔靴搔痒，本质有两点：一方面对技术本身的不够了解及技术的不成熟，另一方面现阶段大幅应用区块链所带来的生态建设成本及沉没成本远远高于预期收益。

暂时的困局绝不是故步自封的理由，随着社会发展的愈发高效化，一项革命性技术从诞生到成熟商用的过程难免曲折但时间并不漫长，而这段短暂的酝酿期也是给予各行业的宝贵反应期。集装箱的出现宣布了码头搬运工的没落但也同时创造了很多新的岗位，网络电商平台的兴起给早期不屑一顾的实体店铺狠狠一棒，却也让一些传统店铺寻找到了新的经济增长点，革命性科技所带来的是毁灭与新生。区块链技术如今尚处酝酿期间，也是寻求后期竞争优势的重要布局节点。行业的兴衰有其客观规律，过度冒进不应提倡，但无视变革甘居井底的态度更加致命。永远跟踪行业和技术新动向，及时做出调整与转型是行业中各企业续存的关键。

如果说区块链对行业的影响相对较为宏观，其对个体企业的改造与重构则更加的具象，我们可以分解为内部改造和外部转型。现代企业发展过程中必然面临内部部门间、分公司间的信息孤岛问题，信息的重复采集管理也已成为大型企业内部管理中的通病，区块链的共同账本技术可以显著降低内部合作成本。

员工管理同样是现代企业内部管理面临的一大痛点，伴随着生产结构的逐渐高效化，传统依靠人力重复劳动的岗位已逐渐被机械替代，如今依旧仰赖人工的岗位往往需要依靠员工的个人创造性与长期责任感，有效人才已经日渐成为企业的核心竞争力。然而，现实中员工对企业文化的不认同、员工激励机制的不完备往往导致企业内部运转低效和团队人才流失。区块链思维的核心价值在于依托碎片化的激励机制建立群体共识，企业内部管理中通过借鉴区块链的平权、共识、协作思想，可在内部激励模式设计中引入区块链技术作为更加高效的技术底层，可以更好地将员工与企业构筑为一个利益共同的社群，从而达到共赢的目的。

企业内部区块链改造的核心围绕运营成本及效率提升，通过区块链技术本身乃至衍生思维的借鉴创造更加高效、自由和标准化的公司运营新模式。如果说内部转型的宗旨在于守成，那么外部转型则旨在突破。乱世方能成就英雄，每一次触及生产关系的技术革命都会在淘汰一些企业的同时成就另一些竞争者，如今的区块链革新也不会例外。

企业寻求转型，首先需要对自己所处行业有充分的认知及发展预判，如果所属行业必将被淘汰或业务逻辑需要大幅革新，那么有必要从根本上对现有业务方向进行考量并考虑方向性转变。相反，如果身处区块链大潮下前景光明的行业（如 IT 和文创），那围绕区块链技术及思维方式进行现有业务转型可能是更好的选择。

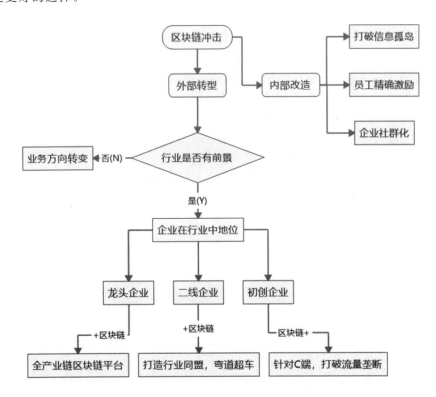

关于企业业务转型的具体发力方向，根据企业在行业内的地位有所不同，现有的龙头企业资源雄厚、业务庞杂且试错成本高，要做的是维护自身的龙头地位巩固先发优势，在区块链技术的开发探索中往往承担更多底层平台搭建的工作，如京东、腾讯等互联网巨头纷纷推出的 BaaS 区块链即服务，旨在搭建全产业链的区块链平台。

行业巨头毕竟只是少数，更多的是巨头以下的二线企业。二线企业的资源与渠道相对缺失，想要寻求突破互相结盟是最佳选择。传统的中心化同盟往往最终瓦解于成员对内部规则及收益分配的争议上，区块链的出现使得二线企业间的去中心化松散同盟成为可能。通过在企业构成的去中心化系统中建立共识并固化为智能合约自动执行的规则，可以保障同盟的稳固及内部信息和价值的畅通流转。

说过了龙头和二线企业，现实中，在全民创业的今天区块链行业最多的是初创企业，初创企业试错成本低，想要快速崛起只能另辟蹊径，初创企业面对区块链技术往往会进行天马行空式的应用探索，大量试错中孕育诞生少数价值项目，而后者背后的成功应用模式将辐射至整个行业领域。

区块链将重构我们的现代企业，这也是区块链赋能的重要一环。现阶段的区块链技术尚处于较为稚嫩的阶段，优先落地的不应是大刀阔斧的运动式变革，而是不改变太多企业原有逻辑的渐进改造，企业通过现阶段的接触逐渐掌握区块链的技术逻辑乃至思维，为后续技术成熟后的商务应用爆发提供条件。

7.3 区块链引导下的人类未来

数十万年前，当原始人用两块燧石敲出第一粒火星，他并不会意识到后世的人类将借助这股炙热的力量控制万物生灵，乃至冲破地球的束缚冲向一望无垠的太空。

中国大一统王朝的初始阶段，当先贤用普通的材料造出可用于书写的纸张，他们同样也预料不到，这看上去毫不起眼的创造，能够为后世带来怎样的影响。科技的进步依托偶然的灵光乍现，而文明的不断演进则是千百万个偶然共同造就的必然结果。

反观如今的区块链技术，源于一个无政府主义者的无心插柳，跌跌撞撞中走过十年光阴，由虚转实后被大众寄予厚望，如今更是被称为生产关系的革命。但随着加密货币投资泡沫的破灭，越来越多的质疑声开始涌现，质疑者不仅针对加密货币，同样把矛头指向了加密货币背后的技术支撑——区块链。面对外界的喧嚣与纷扰，我们不禁要问：区块链的未来究竟在何处，它又能否真如同我们所期盼的那样对人类文明产生颠覆性的影响？

毋庸置疑，区块链技术能够在人类的未来占有一席之地，而我们所要探究的是其重要程度。考虑到概念的复杂性，可以将区块链对人类未来的影响分为三个层面：技术层面、社会层面及个体层面。

技术层面的影响并不难理解，人类的未来一定是一个技术大爆发的时代，数据和信息是支撑整个时代的核心。随着基础科技的进步，尤其是通信、芯片、物联网等基础理论及应用技术的革新，数据的采集、处理及存储将在空间上更加分散，所产生的数据总量也将呈几何倍上升。

传统的中心化手段不足以应对如此高强度、高频次、低密度的数据需求，作为一种与人工智能、物联网、大数据等并称为第四次工业革命核心的技术应用，区块链分布式的信息存储逻辑配合自动执行的智能合约十分适合这一场景，可大幅提高复杂流程的作业效率与透明性。彼时的区块链将不再是如今叠加在传统系统之上的锦上添花之作，而是可独当一面，并且极有可能是唯一之选。

纵观人类历史，技术从来都不单独存在，新技术的广泛应用不仅意味着旧有技术应用空间的压缩，同样会催生出一系列新的业态和领域，而当新技术的革命性足够强时，更是会对整个人类文明产生更加深远的影响。从宏观的角度看，文明的发展历程就是在不断增长的能源需求与有限的能源供给之间探索生路的过程。在保障文明生存并正向发展的大前提下，当能源需求接近供给上限时，文明只有两个选择：寻求新的能源供给或者提高能源利用率。放眼历史，文明对能源的需求往往是呈指数型增长，早期可以通过扩张地盘的方式简单粗暴地满足，但随着文明总量的愈发庞大，单纯的增加供给只是饮鸩止渴，只有设法改变文明的能源利用模式提高利用率才能在较长的时间周期内保障文明的良性发展。

《黑天鹅》中有一句论断：历史和社会不会爬行，只会跳跃，它们从一个断层跃上另一个断层，中间只有很少的摇摆。只有从本质上改变整个文明的能源需求增长速率，文明才能在残酷的竞争中求得一段喘息的机会，而这一过程往往伴随着整个社会组织方式的范式革命，也就是从生产关系上重新组织人类社会，从根本上改变人类的协作方式。历史上人类文明的几次跳跃背后就是一个个核心科技成就的影子：火的运用让人类走出了曚昧、铁器冶炼技术的成熟成为农耕文明发展的基础、蒸汽机的出现开启了西方的工业革命、百年前出现并逐渐成熟的计算机技术则吹响了信息时代的号角。

革命性科技的出现是文明的被迫之举，或者我们用幸存者偏差更好理解：没有在崩溃前发展出革命性科技的文明都已经被淹没在历史长河中。区块链的出现不仅代表着一种新型技术手段，更是一种全新的协作方式，而这一去中心化的协作模式是文明发展到一定程度的必然结果，是工业革命以来所积累的结构化矛盾的外显。

从个人层面上来说，区块链的出现用最为简洁的方式解决了人与人之间的信任问题，让更低成本更大范围的协作成为可能，并可通过激励手段的设计保障对任意社会成员行为的正负激励从而维持整个社会系统的良性发展。

传统的中心化社会组织模式是树状结构，这一结构形式在特定历史条件下具有重要意义，但面对不断增长的总量需求将越来越低效和赘余，区块链的出现凭借其去信任特性为人类社会提供了契机而逐渐向更加优越的网状结构转化，网状结构更加高效同时具有更强的扩延性，是未来人类社会理想的架构方式。

社会结构的改变必然伴随着作为个体的人的功能性转变。首先表现在人的数据化。未来世界是信息与数据的世界，诸多科技手段的作用下比特世界与原子世界的边际将越来越模糊。个人的数据将像如今的房子、金钱等一样具有极高的价值与用途，如何管理与运用个体数据将是每个个体需要思考的一大命题。

区块链的网状结构映射到社会组织架构中，个体间的地位差别将进一步缩小，每个人的自由意志与个人价值将得到最大范围的释放。这一进程看似美好却会面临诸多现实阻力并带来整个社会全阶层的阵痛与不适，原因无他，千百年来的中心化管理模式在每个人心中打下了烙印，当自由与生活的便捷性发生冲突时，大部分人宁愿牺牲部分权益与自主权以换取便利。

区块链对世界所带来的改变与冲击是激烈而不可逆转的，而要真的达到本书所畅想的程度，需要全社会在经济理论、管理理论、伦理道德等多个领域转变与革新。

道阻且长，行则将至。

7.4 通证经济学的未来

2018 年区块链世界有一个新概念横空出世并俨然成为业内主流，这就是通证经济学。很多从业者据此著书立说，一时间坊间提区块链必谈通证经济，笔者也尝试过与多位通证经济从业者探讨通证经济的实质，但似乎也并没有一个统一的定义或解释。今天就来聊聊，笔者眼中的通证经济学。

2017 年 9 月 4 日，针对国内区块链行业乱象，七部委联合发文关停国内比特币场内交易所并宣布 ICO 为非法。一刀切式的举措固然及时切除了毒瘤，但也让国内一些健康的区块链团队遭受池鱼之殃，曾梦想技术改变世界，却莫名其妙与传销为伍，从科技领军人才向过街老鼠的突转令行业一时间陷入了方向性混乱。

很多人在追问和思考：区块链的实质到底是什么？区块链的未来又究竟在何方？区块链的概念缘起于比特币，早期受制于技术本身，仅适用于创建去中心化支付货币。到了 2014 年，随着智能合约概念的引入，区块链开启了由造币向应用的技术转折，"链"和"币"的概念也逐渐分化清晰。

围绕着"链"与"币"的关系行业内外分裂出了两大派系，一个派系认为应当弃"币"留"链"，重点研究不需要原生加密货币的私有链、联盟链项目，抛开了"币"的"链"往往更易切实落地应用，我们称其为主链派。另一派则认为"链""币"不可分，他们主张激励机制是区块链的最核心价值点，而被公认为价值互联网的区块链一旦失去了价值传输标的将名不副实，区块链的完整运转离不开"币"所代表的经济激励层，这一派系我们称为主币派。

主链派以金融机构和 IT 巨头为中坚力量，主张应用区块链技术降低合作成本解决现实问题，探索出了超级账本、R3 等联盟链平台。主币派则群众基础更为广泛，其中不仅有世界各地的 IT 极客、比特币原教旨主义者，也不乏一些希望浑水摸鱼的投机客，他们共同创造了我们现今耳熟能详的众多加密货币和代币。

两大派系之争在 2017 年 ICO 大火时达到顶峰，国家的发声貌似宣告了态度，仔细一品又似乎语焉不详，但不论如何，在中国，如果再将区块链上的价值标的称呼为"币"已然不合时宜。国内两位业界大佬元道和孟岩作为国内主币派的代表人物在 2017 年年底正式提出了一个新的名词——通证，意译自英文中的 token，在区块链世界用以替代之前常说的"代币"。这当然不仅仅是一场文字游戏，区块链技术发展至今，所应用的场景早已不局限于支付流通，而是有了更多的外延，其内部价值标的也由简单的一般等价物属性变为可流通的权益证明，如一个上链实物资产的归属权、某个链上众筹项目的分红权等。

到了这一阶段，如果还将其简单称为代币，不仅定义上有所偏差更是容易遭受外界曲解。与"通证"同时问世的是"通证经济学"的概念，这一命名同样翻译自国外，这并不是经济学的新分支而是应用密码学的范畴，用以指代利用激励与密码学来设计新的系统、应用与网络。

区块链通证激励最早的应用就是比特币，作为区块链的最早应用，基于工作量证明的经济激励与惩罚让更多的人加入维护系统而非作恶，从而提高了系统稳定性。加密协议及算法的设计则从技术层面保证了激励及价值传递的公平有效，整个模式设计简单有效堪称经典。

中本聪的天才毋庸置疑，而如何在其他更为复杂的领域应用区块链的密码学和软件技术制定合理的激励机制规则，则是如今的通证经济学所主要研究的问题。通证作为区块链中内生的价值标的，被用于各种复杂场景下对于参与者多价值尺度的经济激励，同时可以应用智能合约固化激励规则并自动执行。

通证经济学的愿景虽然十分美好，但现阶段其所面临的问题同样很多。比如，如何保障权益与通证的链接、如何规避价格炒作、参与通证流通的门槛较高等，这一系列问题不解决，通证经济将只能是乌托邦式的空中楼阁。

看到这里，我们会发现，不管是主链派还是主币派，都反对虚无的价格炒作，希望区块链能够落地应用于具体场景。区别在于主链派主要看重分布式账本功能，而主币派更强调基于经济激励的共识与协作。现阶段主链派所主推的无币区块链更像是一个分布式数据库，其应用逻辑无须改变现有用户习惯，同时企业客户对此也有一定的内生动力，因而能够在一定范围内优先落地。

没有了通证的区块链能够解决部分场景下的协作问题，可以称其为区块链应用落地的 1.0 阶段，但对于更大范围的协作和共识需求，通证的引入则是完全必要的。只是全新概念的引入往往很难一蹴而就，社会与行业均需一定的时间与磨合以进行思维上的转变，这更像是区块链落地的 2.0 阶段。

从 1.0 到 2.0 阶段，是区块链技术从稚嫩走向成熟的过程。1.0 阶段优先落地固然重要，但因为行业乱象而将通证经济一棍子打死同样不可取。无币区块链较为简单的技术逻辑成就了其现有地位，但也束缚了未来发展的上限，通证经济的 2.0 版本让区块链应用具有了更强的行业普适性，也是助力区块链技术成为真正的生产关系工具的重要一环，两个阶段相互促进与融合，将在不远的未来共同成就一个现今无法想象的新世界。

7.5 区块链应用何时规模落地

近期，随着加密货币市场的低迷，区块链由虚转实赋能实体经济的呼声愈来愈高涨，各国政策层面的推动配合和资本市场的热捧令众多企业跑步入场。然而新鲜感并没有持续多久，大部分企业发现区块链的引入除了带来短期股价的波动和宣传层面的利好以外，似乎并没有解决太多的实际问题，号称具有颠覆性的项目最终也都惨淡收场，高调上马却草草收尾。

入局区块链的企业和资本在屡屡受挫之后，对此前的判断产生质疑，如果说短时间的夸大与高估是所有新兴科技面临的常态，那么区块链技术何时才能真正规模化落地则是各方关注的重点。

在讨论这个问题前，首先我们要在另一个概念上达成一致：我们所讨论的区块链落地的标志到底是什么？

自从以太坊的出现将智能合约引入区块链的世界，人们就没有停止过关于区块链落地应用的探索。区块链的去中心化逻辑衍生出的公开透明与不可篡改属性理论上可以被用于几乎所有行业。

随着 2017 年加密货币价格的一路走高，众多信仰者开始畅想与布道，其所描绘的未来世界在光怪陆离中又带有大道至简的美感。在这个去中心化的世界中，人与人之间的层级关系被更加平等的网状结构关系替代，智能合约在各个领域被用于替代宝贵的人力资源，整个社会的运行成本更低，人的自由意志与创造性得到更大程度的解放，物质世界同样得以极大丰富。去中心化发行的加密货币被用于社会生活的所有场景，金融活动删繁就简，回归千百年前的本源。

一切看起来都是那么美好，但也过于遥不可及，诗和远方固然讨喜，脚踏实地才是一项羸弱的新型技术持续兴旺下去的真正关键。如果将改变世界作为判定落地的标准，这样的要求显然过高了。

2018 年是梦醒之年，伴随着一个又一个区块链项目泡沫的破灭，区块链技术开始走下神坛。与一年前的热情高涨形成强烈对比的是，越来越多的人开始提出区块链技术一无是处的论调，非黑即白的论断背后是理想与现实的巨大反差所引发的信仰崩塌连锁反应。抛开非理性地过誉或贬低，作为一种全新的技术逻辑、协作模式和思维方式，如今的区块链技术应用虽然远未达到全面开花的程度，但也在某些领域取得了一定的成绩。

如果说任何新生事物从出现到成熟都要经历"从 0 到 1"和"从 1 到 100"的过程，那么诞生近十年的区块链技术依旧在 0 到 1 的过程中挣扎，虽然 100 分的未来值得期待，但何时能够真正实现 1 的突破才真正具备现实意义，这同样也是我们探讨的关键。

区块链落地要突破，面临的首要阻力来自技术本身。根据记账节点来源不同，通常将区块链细分为公有链、联盟链与私有链，三者的应用场景与技术特点各有不同。其中公有链技术发展最早，相伴而生的加密货币使其区别于其他两者。过去的两年是公有链技术发展的黄金时期，各大项目方乘着市场红利的东风纷纷打出技术改变世界的旗号，在白皮书中述说着一个又一个区块链落地应用的故事，似乎每个故事都是一场迟来的颠覆。

一时无两的热度并没有带来技术的突飞猛进，这类公有链项目的多数参与者关注点似乎都不在应用本身而仅着眼于相应加密货币炒作，公有链技术本身的低效率和部分项目商业逻辑的不成熟让情况进一步恶化，一度风光无限的各大公有链项目实际落地寥寥。

与大起大落的公有链技术形成鲜明对比的是联盟链及私有链，二者由于对记账节点由相应权限控制，通常无须加密货币激励层，因而并称"无币区块链"。在过去的两年中无币区块链技术不为公众所关注地低调发展，却反而异军突起取得了一系列的技术突破，并成为目前绝大多数区块链实际落地案例中的技术基础。究其原因，摒除了加密货币炒作只是一个方面，相对高效和可用性极高的数据结构范式，以及大型企业投入的优质开发人员同样也是制胜的法宝。

对于一项有望改变生产关系的技术而言，其大面积推行的阻力绝不仅仅来自技术本身。区块链和智能合约技术一旦大面积运用，将会对包括金融、保险、中介、政府机关在内的社会各行业产生根本性冲击，在此过程中必然会使得部分依靠资源、信息不对等生存的群体利益受损，这一既得利益集团一旦与决策层重叠或联合，将会在一定程度上制约和影响技术的发展与推进，这类事件在人类科技发展史上并不鲜见。

既得利益集团的阻挠只是一个可能的阻力来源，区块链应用到行业过程中的另一大不确定性来自其他配套技术的发展。区块链的技术逻辑能够完成信息的存证与确权，而信息的采集、识别与传输则需要依托物联网、人工智能、通信等技术的发展与革新，只有多种技术有机融合，才能真正应对复杂的行业需求。

如果说技术与行业内的一些负面因素都只是暂时的阻力，那么源自每个人思维层面的抵触，以及千百年来的习惯则构成了区块链落地应用的最大拦路虎。人类社会发展至今，中心化的管理模式是历史的必然选择，人们习惯于依附并信任权威的管理以换取生活的便捷，到了互联网的世界同样如此，当隐私与便利之间需要二选一时，绝大部分网民会选择牺牲隐私，所以百度创始人李彦宏堂而皇之地告诉大众，人们是愿意用个人隐私换取便利的。话虽说得很难听，但事实不正是如此吗？

区块链及其背后的去中心思维作为一个人类发展史上的异类，在短时间内很难颠覆人们心中坚守的世俗理念。个人的自由意志虽然看似美好，却带有一种堂吉诃德式的悲壮，如果人们的思想没有做好这样的准备，一切的技术突破和场景落地都只能黯然收场。

以上三大阻力，是区块链落地应用中所必然面临的挑战，何时能够取得决定性突破，我们暂时还无从判定。这不仅取决于未来发展的种种创新引领，更取决于我们中的每一个人、每一个企业，对这一新生的事物，多一些好奇与宽容，少一些恐惧和苛责，才能让美好的明天来得更早一些。

7.6 未来已来，只是尚未流行

如果问人类的未来会怎样，每个人都有不同的构想：马克思说物质极大丰富的共产主义是人类的未来；小朋友觉得汽车在天上飞来飞去那就是未来；保守者认为被机器人奴役才是人类所注定的悲惨结局。未来到底比现在更好还是更坏我们不得而知，但所有预言中科技都绝不会缺席，未来一定是科技大发展的世界。

身处第四次工业革命进程中的我们，对科技高速进步的体验可谓深切，人工智能、大数据、物联网、智慧城市……在当下最热的一些科技名词中，我们往往也能看到区块链的身影。"信任的机器""第二代互联网""生产关系的革命"……一系列溢美之词掩盖不住现阶段的实际落地寥寥，很多程序员朋友在简单了解其技术逻辑后嗤之以鼻，更有一些互联网圈内人士把互联网的旧玩法带进了区块链世界造就了一些四不像的圈钱产品，整个行业一时间成为 IT 界鄙视链的底层。一切都看似一场即将破灭的泡沫，但即使在如此不堪的情况下，各主权国家、各巨头企业依旧选择在区块链技术赛道上继续发力和探索，这不得不让我们好奇：区块链到底有何魅力？其所引领的未来又是怎样的呢？

要回答这个问题，我们首先要明确区块链与其他吸引眼球的科技名词之间的异同。虽然均被赋予了改变世界的重任，但区块链与人工智能、大数据等其他"硬科技"相比，科技感与技术难度似乎并没有那么强烈，虽然"去中心化""加密算法"听起来也有点极客风，但分布式记账的浅显逻辑终归不如

"神经网络""大数据"等来得炫酷。

事实上，作为时间戳、P2P 网络、加密算法等一系列技术创造性重组后的一个复合概念，区块链也确实与其他科技概念有着本质的区别。区块链最大的特性，同时也是很多程序员初步接触时难以理解之处在于其相对简单的技术逻辑背后蕴含着高度的设计开放性。用电子游戏做比较，人工智能、大数据等其他科技概念就好像传统的闯关类游戏，规则已经制定完备，玩家只需在规则范围内磨炼技术，打怪升级，区块链则类似自由度更高的沙盒游戏，游戏只提供一个初始的世界与基础材料，参与者充分发挥创造力，可以造出从草屋到城堡等各类作品。打怪升级考量的是工作量与耐性，适用由果溯因的线形思维，对于成就有明确的评判标准；而沙盒游戏却更加依托顶层设计的创意与格局，技术只是工具而非唯一的主角，发散性的思维导向下，成败没有了单一的评判，也永远有精进的可能。

不同于"硬科技"的技术决定论，构建一个好的区块链系统，其真正难度并不仅仅在信息技术本身。中本聪早期公开的比特币核心代码编写水平并不高明，但这并不妨碍其成为一个里程碑式的事件。一个区块链系统最为核心的价值及难度在于自洽的激励逻辑和共识机制以及这个系统所链接的现实场景，对于开发者而言，一定的信息技术能力是入局的门槛，而真正决定成败的是其是否具备扎实的心理学、博弈论、经济学基础以及打破常规的思维方式和勇气。区块链世界最为稀缺的从来就不是单纯的程序员，而是洞悉人心、不走寻常路的产品经理与顶层设计师。

优秀的顶层设计是打造一个成功系统的先决条件，但这并不意味着对技术作用的否定，绝妙的顶层设计同样需要稳定的底层技术作为基础。如今的区块链技术底层，不论是众多公有链或联盟链与私有链，均处于技术很不完善的状态，尚不足以支撑大规模商业应用。值得欣慰的是，已经有越来越多的有志之士投入这个领域的研发中来，跨链、侧链、分片等新兴技术的研发与迭代有望在不远的将来令区块链技术能够真正应用到社会生活的各个领域。

顶层设计的艺术开放和技术底层的逻辑自容，恰似前几年常提的"仰望星空"与"脚踏实地"，二者如何求得平衡，一直是众多行业内人士探索与思考的命题。反观如今的区块链世界，成功项目如凤毛麟角，而失败的产品则各有各的不幸。抛开那些旨在圈钱最终求仁得仁的骗局，很多团队怀抱梦想与激情入局却最终铩羽而归，总结教训无非是"无视技术和市场的空想"或"毫无创意的技术堆砌"二者中其一。

古人的智慧往往体现在简短的话语之中，两句简单的俗语恰恰适用于99％的区块链行业中人。一句是"磨刀不误砍柴工"，所有的团队在开启一个产品前多进行思考与推敲往往可以避免方向性错误，与毫无建树相比更加可怕的是在错误的道路上越走越远。另一句是"天时地利人和"，在合适的时机做合适的事，千里眼与顺风耳在古代只能是神话却在如今成为现实，任何事物的发展都不是单一因素所能决定的。区块链技术的成熟与落地同样仰仗技术底层、社会习惯等各项条件的推动。

区块链作为一个技术性行业，目前还略显稚嫩，但作为一种思维方式与全新的组织形式，为这个世界所带来的影响与冲击则是不可替代的。区块链背后所表征的全新协作模式与机器信任的格局作为一种社会存续与发展的基础设施，让整个文明发展的上限无形中大幅提高，这也是其最为终极的意义。区块链的出现必将成为人类文明发展中的分水岭式的事件，在更为宏大的历史维度上将影响着整个星球文明的发展。

最后，用美国科幻小说家威廉·吉布森曾说过的一句话作为本书的结尾：未来已来，只是尚未流行。

作者后记

这是一个技术爆炸的时代，这是一个信息主导的时代，这是一个全民创业的时代。

中国用短短的 40 年走完了西方发达国家近百年的社会进步历程，甚至在某些方面有超越之势。从 1978 年往后的最初 20 年中，我们借鉴西方发达国家的经验进行模仿与创新，迅速补齐了工业革命以来的短板。之后的 20 年，乘着互联网和移动互联网技术的东风，中国进入了百花齐放的模式创新时代，涌现了大量的优秀创业者与公司，更是在很多细分领域走在了世界前列。回顾这 40 年的激荡起伏，经济的高速发展固然值得肯定，但其背后又有多少核心技术的创新是发端于中国、发源于中国的创业者们呢？

2018 年是转折之年，中美贸易冲突愈演愈烈，美国对中国核心技术的封锁力度已经达到顶峰，一系列事件倒逼中国创业者不能再走模仿创新和模式创新的老路，可喜的是，40 年的亦步亦趋让我们拥有了足够的经验与人才沉淀，未来依旧可期。

互联网技术发源于美国，美国的信息技术发展至少领先中国 40 年，虽然近些年国内的市场优势催生了移动互联网的巨大发展，但中国在底层操作系统、密码学、量子计算等核心领域依然落后于人，区块链技术起源于密码朋克一非正式组织，早期成员同样以欧美极客居多，但随着技术的发展与传播，中国创业者已经在区块链世界占有举足轻重的地位：中国不仅拥有全球最多的区块链专利，同样也为比特币等架构于区块链技术之上的加密货币提供了庞大的市场基础。但是体量的巨大并不能掩盖背后的质量低下，资金骗局和非法集资充斥着国内的区块链行业，畸形化的发展会将我们带入歧路。

最近时常反思，中国人拥有着远古流传的智慧，却往往在面对各类优秀技术创新时做出种种短视之举，躁动的人心可能是一切的原罪。面对区块链技术这又一伟大的技术发明，是时候痛定思痛，重新审视这一切，只有少一些炒作和浮躁，多一些耐心和静心，才能真正发掘出这一生产关系工具的最大价值。

正是带着这样的反思，我们成立了泽下木科技，开始了布道工作，尽我们所能宣传区块链的落地应用潜能，希望能够让更多人接触和了解区块链的本来面目，从而参与到行业发展与生态共建当中，让科技真实地为实体经济赋能，创造一个更美好的世界，这也是这本《区块链真相 50 讲》的写作初衷。

到了 2019 年，中国必将进入一个"硬创新"时代，未来的 20 年属于华为和谷歌之类拥有核心竞争力的企业，中国要在未来的科技版图中占据一席之地，必须有越来越多的创业者摒弃固有的思维方式，让深入而独立的思考成为中国企业家的标配。

同样在区块链领域，希望借助这本书，可以让创业者、企业家们在理解什么是区块链本质的同时，深入地思考与探究如何运用这一独创性技术及其去中心、不可篡改和不可伪造的三大技术特征创造全新的商业模式、组织架构乃至思维方式。

企业制是文明发展的中间产物，并在一定意义上促进了社会的演进，但这并不是一切的终点。更加社会化、去信用化的组织结构必将替代如今的公司制度，个人将成为社会协作的主体和价值载体，社会上每个人依托更加高效的信息通道互联，区块链技术让这一切成为可能。在不远的未来，每个独一无二的个体都可以成为区块链网络上的一个平等无特权的节点，通过与社会其他的信息交互创造价值，这些行为又成为其他人价值创造的原料，这样一个跨越地理位置、跨越种族、跨越社会、跨越网络的价值创造网络，将会深刻地改变企业、个人乃至社会的组织关系和生产关系，影响着未来"智慧人类"的生存法则和每一个"价值主体"的生存环境。

这本书从初步概念到形成完整的逻辑架构再到最终的成书文字表达，历经了诸多挑战。感谢家庭、朋友、伙伴等方方面面的缘分与帮助，同时特别感谢上海牡丹区块链科技有限公司对本书出版的大力赞助。